AF249647

NOTICE

HISTORIQUE

SUR

MONTIGNY-LE-GANNELON

PAR

JEAN PRÉVOST

1852

CHATEAUDUN

IMPRIMERIE DE AUG^{te} LECESNE

RUE D'ANGOULÊME, N° 24

NOTICE

HISTORIQUE

SUR

MONTIGNY-LE-GANNELON

PAR

JEAN PRÉVOST

1852

CHATEAUDUN

IMPRIMERIE DE AUGᵗᵉ LECESNE

RUE D'ANGOULÊME, N° 24

NOTICE HISTORIQUE

SUR

MONTIGNY-LE-GANNELON

NOTICE

HISTORIQUE

SUR

MONTIGNY-LE-GANNELON

PAR

JEAN PRÉVOST

CHATEAUDUN

IMPRIMERIE DE AUG⁰ LECESNE

RUE D'ANGOULÊME, N° 21

NOTICE HISTORIQUE

MONTIGNY-LE-GANNELON.

En 1766, un respectable ecclésiastique, M. Bordas, termina son *Histoire du Comté de Dunois*, ouvrage qui forme un manuscrit d'un assez gros volume. Transmis par héritage à ses nièces, les demoiselles Joubert, et après avoir passé par des mains étrangères, il fut acquis en 1814 par la commune de Châteaudun, et déposé à la bibliothèque de cette ville, où il est resté inédit jusqu'en 1849. Après avoir été revu par M. A. Guenée, qui tout en se conformant au plan adopté par l'auteur, s'est borné à changer quelques expressions et à supprimer divers passages dénués d'intérêt, il a été publié en entier par feuilletons dans la feuille de Châteaudun, et achevé d'imprimer en deux volumes de format in-8°, dans le courant de l'année 1851, pour le compte de l'éditeur, M. Lecesne.

Dans cette œuvre de M. Bordas, il se trouve un chapitre consacré à l'histoire de Montigny - le - Gannelon. Persuadé qu'il est très-peu d'habitants de cette localité, peut-être même aucun, qui soient disposés à faire l'acquisition de l'ouvrage entier, et que cependant plusieurs d'entr'eux peuvent être désireux d'apprendre ce qui concerne leur pays, j'ai cru leur être agréable en rédigeant une notice sur Montigny-le-Gannelon, extraite en partie du livre de M. Bordas.

Voici comment M. Bordas débute dans ce qu'il nous raconte sur Montigny-le-Gannelon :

« Montigny-le-Gannelon, *Montiniacum Ganelonis*, ci-devant petite ville close, avec un château sur la côte septentrionale du Loir, quatre mille sept cents toises au-dessous de Châteaudun. C'est la première des châtellenies qui relèvent de la tour dudit Châteaudun. Celle de Courtalain et celle du Méé, paroisse d'Arrou, en sont des démembrements : le reste de sa juridiction a été partagé entre son siége de justice établi à Montigny et celui que les seigneurs ont fait ériger à Droué.

» Sans m'arrêter à la tradition du pays, qui veut que Charlemagne ait gratifié de cette terre le chevalier Gannelon qui le trahit ensuite et son armée à Roncevaux, je dirai que Montigny ne me paraît point avoir eu de surnom jusqu'au temps de son propriétaire Gannelon, abbé fieffé de Saint-Avit-lès-Châteaudun et trésorier de Saint-Martin de Tours, qui vivait au onzième siècle. La riche succession qu'il laissa à ses héritiers collatéraux peut leur avoir donné l'idée de chercher à éterniser le nom d'un seigneur bien voulu de tout le pays, en l'ajoutant à celui de la principale des terres qu'il leur laissa. En effet, dans la charte où ce Gannelon de Montigny donne l'église de Saint-Hilaire-sur-Yère à l'abbaye de Marmoutiers, il dit qu'elle est située près sa ville ou château de Montigny, sans aucun ajouté. *Juxtà Castrum meum*, près mon château. Et ce n'est que dans des titres postérieurs que j'ai vu employé le surnom de Gannelon.

» Du reste, je ne déciderai point que ce Gannelon ne se prétendît de la famille du fameux traître romanesque. Je dirai même que ses successeurs à Montigny ont eu cette prétention, ou lui-même, comme il paraissait dans ce qu'il y avait de plus anciennes constructions à Montigny, où il était visible que l'on avait adopté les fables du faux Turpin.

» Une porte, encore subsistante, conserve le nom de Roland et sa figure, etc., monuments qui supposent que l'on avait cru dans cette maison avoir un intérêt particulier de retracer, dans des ouvrages solides, les faits d'un roman que l'on regardait alors comme une véritable histoire. »

Voici ce que disait de Montigny en 1766 M. Bordas. Il n'ose pas décider que Gannelon, trésorier de Saint-Martin de Tours, ne se prétendit de la famille du fameux traître romanesque, comme il l'appelle ; je ne l'affirme pas non plus ; mais, comme lui, je suis convaincu que ses successeurs ont été dans cette persuasion, si l'on en juge par ce qui reste des anciennes constructions, telles que la porte Roland, dont le nom vient à l'appui de cette idée, et aussi parce qu'un souvenir vague de trahison planait sur Montigny jusqu'à la révolution. Les anciens habitants du bourg peuvent se rappeler que, dans les rixes fréquentes qui survenaient dans l'ancien temps, entre les gens de Montigny et ceux de Cloyes, ces derniers, les enfants surtout, jetaient à la tête de ceux de Montigny le reproche de trahison. Je me souviens que, dans mon enfance, lorsque j'allais à l'école à Cloyes, ce reproche, qui consistait à répéter à satiété : *Montigny-le-Gannelon, où s'est faite la première trahison*, m'a été adressé, et qu'il était pour moi une énigme, ne sachant à quoi l'attribuer ni ce qu'il signifiait.

Ce souvenir de Gannelon et de sa trahison était généralement répandu, quoiqu'il ne soit pas conforme à l'histoire qui attribue la défaite de l'arrière-garde de Charlemagne et la mort de Roland à Roncevaux au duc de Gascogne, tandis que les romanciers et les troubadours, dans leurs chants, prétendaient que Gannelon, dont la fille, nommée Aude, avait été fiancée avec Roland, pour se venger de celui-ci, avec lequel il avait eu de sérieux démêlés, l'avait livré, ainsi que l'arrière-garde de Charlemagne, au roi Marsille.

Les historiens de ces temps-là étaient des religieux renfermés dans leurs couvents, et dont les écrits étaient connus de peu de monde ; tandis que les ménestrels et les troubadours, ayant accès dans les châteaux, célébraient, dans des poèmes et des récits de leur invention, les hauts faits de Charlemagne et de ses chevaliers ; ils obtenaient toute confiance auprès de gens ignorants et crédules qui, pour la plupart, ne savaient pas lire et s'occupaient plus de combats que de littérature et de critique ; ainsi, il n'y a rien d'extraordinaire que ces croyances soient arrivées jusqu'à nous, quoique sujettes à contestation.

M. Bordas garde le plus absolu silence sur l'époque de la fondation de Montigny, par la raison vraisemblable qu'il ne la connaissait pas ; de mon côté, je suis forcé d'avouer que je n'en sais pas plus que lui à cet égard, et que j'éprouve un certain déplaisir de ne pouvoir, sur ce point, satisfaire la curiosité de ceux qui liront cette notice. Ce qui me décide, malgré la crainte que j'éprouve de paraître long et ennuyeux, à chercher dans l'histoire l'instant probable où Montigny a commencé d'exister, et à donner un léger extrait historique sur les anciens Gaulois.

ABRÉGÉ HISTORIQUE SUR LES GAULOIS.

Je suppose que, parmi mes lecteurs, il s'en rencontrera quelques-uns, peut-être même un assez grand nombre, qui ignorent que le pays que nous habitons l'a été, dans la haute antiquité, par un des peuples les plus anciens et les plus belliqueux de l'Europe, pour ne pas dire du monde entier, je veux parler des Gaulois, nos ancêtres. Ce peuple était si ancien, que certains auteurs le font descendre de Gomer, fils de Japhet et petit-fils de Noé ; il est difficile de remonter plus haut. D'autres le font venir des Indes, d'Égypte ou de Scythie, ce qui veut dire qu'on ignore le temps où il a commencé d'habiter la Gaule, et de quel pays il est sorti.

Les érudits prétendent qu'il y a beaucoup de rapport entre l'idiôme Celte et le dialecte Indien ; ce qui les porte à croire que les Celtes ou Gaulois tirent leur origine de l'Inde. Quand et comment ils sont arrivés dans les Gaules ? c'est ce que personne ne sait.

Les Gaulois étaient braves autant qu'il est donné à un peuple de l'être ; ils ne respiraient que la guerre ; ils se battaient entr'eux lorsqu'ils n'avaient point d'ennemis à combattre. L'ardeur martiale, jointe à une grande population, les entraînait hors de leur pays. Dès le règne du premier Tarquin, cinquième roi des Romains, ils firent irruption en Italie, et vers l'an 365 de Rome, ayant Brennus à leur tête, ils brûlèrent la ville de Rome, dont il ne resta que le Capitole.

Ces excursions ne sont pas les seules ; car non-seulement l'Italie, mais l'Espagne, l'Asie et la Grèce furent inondées de leurs soldats. On les redoutait tellement à Rome, que lorsque l'Italie était menacée d'une guerre avec les Gaulois, personne n'y était exempté du service militaire, pas même les prêtres.

Les ministres de leur religion s'appelaient Druides ; ils étaient en même temps les savants, les poètes, les juges de la nation ; le peuple avait pour eux une grande vénération. Comme ils élevaient la jeunesse, les premières idées tournaient à leur avantage ; ils se faisaient une loi de ne rien écrire, afin qu'on fût obligé de recevoir tous les oracles de leur bouche. Ils étaient juges de toutes les affaires, et si quelqu'un osait contrevenir à leur jugement, ils le frappaient d'anathème. C'était le plus grand châtiment qui pouvait être imposé aux coupables , car alors on les fuyait, on les abhorrait comme des impies et des scélérats. Dans le moyen-âge, de semblables anathèmes, sous le nom d'excommunication, ont été lancés par les papes et les évêques, et ceux qui en étaient frappés devenaient des objets d'horreur que tout le monde fuyait ; on passait au feu les ustensiles qui leur avaient servi.

Les principaux de leurs Dieux étaient Ésus et Teutatès, auxquels les prêtres immolaient des victimes humaines, qu'ils brûlaient toutes vivantes dans de grandes et hideuses statues d'osier ; c'étaient des criminels, s'il y en avait ; sinon on prenait des innocents ; quelques-uns se faisaient brûler par dévotion.

Le guy de chêne était en singulière vénération ; on en faisait la cueillette avec beaucoup de cérémonie. Un Druide, armé d'une serpette d'or , le détachait de l'arbre ; d'autres le recevaient sur un tissu de laine blanche et le distribuaient aux fidèles, le présentant comme un remède à tous les maux et un préservatif infaillible.

Il ne paraît pas que les Gaulois se soient livrés au commerce, et je crois qu'ils s'adonnèrent médiocrement à l'agriculture, quoique l'on ait cité des instruments aratoires de leur invention. Ils vivaient dans les forêts dont la Gaule était en partie couverte ; et lorsque la population excédait les moyens d'alimentation, ils émigraient, emmenant avec eux leurs femmes et leurs enfants.

Il y avait dans les Gaules deux classes d'hommes considérés, les Druides et les Nobles : le peuple était presque regardé comme esclave. Les Gaulois formaient plusieurs petits peuples , qui étaient gouvernés séparément ; les uns vivant sous des Rois , les autres en République. S'il s'agissait d'affaires qui intéressaient la Gaule entière , tous les peuples qu'elle comprenait se réunissaient par représentants, dans des assemblées générales, où ces affaires étaient traitées.

La nation Gauloise offrait trois parties bien distinctes : les Belges, au nord de la Seine et de la Marne ; les Aquitains, au midi, entre la Garonne et les Pyrénées ; les Celtes ou Gaulois, dans le reste du pays. Ces trois branches d'un même peuple différaient entr'elles par le langage, les mœurs et les lois.

Les Celtes ou Gaulois conservaient seuls les traits nationaux, sans altération. Nous, habitants du département d'Eure-et-Loir, nous pouvons nous considérer comme les descendants un peu mélangés des purs Gaulois ou Celtes.

L'assemblée générale des Druides, qui avait lieu à certaines époques, se tenait aux environs de Chartres, où ils avaient un collége.

Tels étaient à peu près les anciens Gaulois qu'on s'est accordé à peindre comme barbares, cruels, inhumains, mais pleins de hardiesse et de bravoure, lorsque vers l'an 51 avant J.-C. Jules César vint dans les Gaules, et, en huit ans, parvint, à force de combats et de persévérance, à réduire tout le pays sous le pouvoir des Romains. C'est en semant la jalousie et la haine, en fomentant les partis et gagnant les uns pour vaincre les autres, que César fit de la Gaule une province de l'empire Romain et se servit des Gaulois pour asservir sa patrie.

Plus les Gaulois avaient été jusque-là redoutables, plus on s'efforça de les opprimer. Ils perdirent leurs lois, leurs coutumes ; ils furent accablés d'impôts. On les vit cependant se révolter par intervalles, et le joug de Rome leur parut toujours odieux. Ils finirent cependant par s'habituer à leur nouvel état. L'effet de la domination romaine fut même si rapide, qu'au bout de 50 ans on se félicitait à Rome de trouver les Gaulois tout disposés à prendre les mœurs, à cultiver les arts des Romains, à contracter avec eux des alliances. Enfin le caractère propre des vaincus s'effaça tellement, ils se confondirent si bien avec les vainqueurs, qu'on put considérer les uns et les autres comme ne formant qu'une seule famille.

Ces dispositions, dont sut profiter la politique romaine, contribuèrent, sans doute, beaucoup à de tels résultats; mais ils furent dûs plus encore peut-être à une cause autrement puissante. Peu de temps après la conquête des Gaules, le Christianisme, prêché à Rome par les apôtres, se glissa parmi les populations Romaine et Gauloise, y fit de rapides progrès, et facilita le rapprochement des deux nations; de manière que l'an 325, lorsque Constantin reconnut la religion chrétienne comme religion de l'Etat, les Romains et les Gaulois réunis dans une même croyance, furent façonnés aux mêmes mœurs, aux mêmes habitudes, et la fusion fut tellement complète au bout de quelques siècles, que, lorsqu'au commencement du cinquième siècle, les peuples du nord se jetèrent sur l'Empire, ils ne virent partout que des Romains.

INVASION DES PEUPLES DU NORD
DANS LES GAULES.

L'Empire romain qui, jusqu'au cinquième siècle, s'était conservé à peu près intact, commença à s'ébranler sous les attaques des peuples du Nord.

Voici l'effrayant tableau que font les historiens contemporains de cette invasion des barbares dans les Gaules :

« Des nations féroces et innombrables envahirent les Gaules à cette funeste époque. Toute l'étendue du pays compris entre les Alpes et les Pyrénées, entre l'Océan et le Rhin, fut ravagé par les Quades, les Vandales, les Sarmates, les Alains, les Gépides, les Franks, les Hérules, les Saxons, les Bourguignons. Tout fut livré aux soldats, à l'exception d'un petit nombre de villes qui furent épargnées. »

Dans cette terrible lutte, les Gaulois, découragés par le malheur, ayant perdu cette énergie primitive qui, dans cette occurrence, leur eût été si utile, furent dépouillés de tout ce qu'ils avaient ; tout leur fut enlevé, jusqu'à leur nom.

Parmi les barbares vainqueurs des Gaulois, semblables à ces nuées de sauterelles qui s'abattent sur un champ, dévorent tout ce qu'il contient, puis disparaissent, la plupart, après avoir saccagé les pays qu'ils parcouraient, les abandonnaient et retournaient dans leurs foyers gorgés de butin. Il n'en fut pas de même des Franks, voisins des Gaulois : ceux-ci se fixèrent dans la Gaule, y formèrent des établissements durables, et lui donnèrent le nom de France qu'elle a conservé.

Je crois que, sans blesser la vraisemblance, on peut fixer la fondation de Montigny vers ces temps de calamités et de douloureux souvenirs. Les Franks, vainqueurs, vivaient au milieu d'une population où ils étaient inférieurs en nombre, un contre dix ou quinze Gallo-Romains, suivant les localités ; mais ils étaient armés, ayant affaire à des malheureux vaincus, dépouillés et abattus par l'infortune. Quoiqu'il en soit, entourés d'ennemis qu'ils pouvaient encore considérer comme redoutables et dangereux, la prudence leur conseillait de prendre les précautions que leur position exigeait, telle que d'établir leur habitation sur des lieux d'où ils pouvaient observer ce qui se passait autour d'eux. Naturellement, les sites élevés durent attirer leur attention et mériter leur préférence sur les plaines qu'ils dominaient. Or, le sol sur lequel est assis Montigny remplissant cette condition, il était on ne peut plus favorable à l'établissement d'une forteresse et d'une ville fortifiée : il est probable que l'on aura su en profiter. Alors il n'est pas surprenant qu'un siècle ou deux avant Charlemagne Montigny ait existé, et que ce prince en ait été propriétaire et qu'il en ait gratifié un seigneur de sa cour ; assurément il n'y a rien d'invraisemblable dans cette supposition ; mais que ce soit Gannelon qui le trahit à Roncevaux, je n'en suis pas assez convaincu pour l'affirmer, quoique cependant il n'y a pas le moindre doute que ce soit l'opinion admise, non-seulement par les possesseurs du château, mais par le pays tout entier.

Si, en nous conformant aux idées généralement reçues, nous admettons comme un fait véritable la supposition que Montigny ait été une forteresse sous le règne de Charlemagne, nous sommes forcés d'avouer que nous ignorons complètement ce qui s'est passé à Montigny dans l'espace de plusieurs siècles. L'abbé Bordas, qui est notre guide, nous parle, pour commencer, d'un certain seigneur nommé Rahévius, qui en était propriétaire vers la fin du dixième siècle, sous le règne de Philippe Ier. Or, comme Charlemagne mourut en 814, et que Philippe commença à régner en 1060, il s'ensuit qu'il s'est écoulé au moins deux cent quarante-six ans sans qu'à notre connaissance il ait été question de Montigny. Comme cette période comprend tout le temps que la lignée de Charlemagne a occupé le trône de France, et même au-delà, et qu'elle est remarquable par les calamités de toutes sortes qui ont affligé le royaume, surtout par les ravages causés par les Normands, dont les courses, renouvelées sans cesse, jetaient l'épouvante et la désolation partout où ils passaient ; qu'à cela il faut joindre l'établissement du régime féodal, qui nécessitait des guerres continuelles entre les seigneurs et le souverain, ou les seigneurs entr'eux, qui traînaient à leur suite des vassaux affamés ne vivant que de pillage, il ne faut pas s'étonner si des événements particuliers à une petite localité comme celle de Montigny, aient été mis en oubli dans des temps aussi remplis de troubles et de misères de toutes les sortes.

Ce Rahévius dont il est question eut un fils nommé Hugues, qui mourut fort jeune et laissa, je ne sais à quel titre, une riche succession à un Gannelon dont nous avons déjà parlé, lequel, quoique laïque, était trésorier de Saint-Martin de Tours et abbé de Saint-Avit, et, suivant toutes les apparences, jouissant d'une grande estime.

D'après ce qui précède, on se demande : Est-ce Gannelon, trésorier de Saint-Martin de Tours, qui a donné à Montigny le surnom de Gannelon, ou le fameux traître dont il a été question plus haut? L'abbé Bordas, qui s'est spécialement occupé de ces sortes d'études, prétend n'avoir rien trouvé, d'après les recherches qu'il a faites et les chartes qu'il a consultées, qui autorisât Montigny à porter le surnom de Gannelon, antérieurement au trésorier de Saint-Martin de Tours. Il faut donc encore rester dans le doute sur ce point intéressant.

Avant Gannelon le trésorier, il n'est pas facile de se faire une idée bien nette de l'importance de Montigny, qui s'identifiait à celle de son propriétaire. Rahévius n'étant point un personnage historique, nous n'avons aucun renseignement sur ses qualités personnelles. Était-ce un grand seigneur ou un simple et riche châtelain? c'est ce que nous ignorons complètement.

Quant à Gannelon, trésorier de Saint-Martin de Tours, nous connaissons des faits qui nous éclairent sur sa position. L'abbé Bordas cite une charte par laquelle Gannelon donne l'église de Saint-Hilaire-sur-Yère à l'abbaye de Marmoutiers, et dans cette charte il est dit que cette église est située près de la ville ou château de Montigny.

Dans une autre charte, il est relaté que Gannelon accorda à l'abbaye de Saint-Avit, en faveur de la communauté de femmes qui y étaient établies, le droit de paisson de leurs porcs dans la portion à lui appartenant de la forêt du Perche. Cette concession fait connaître que le domaine de Montigny était alors fort étendu. Il y a lieu de croire, en effet, que les bois de La Roche et ceux dont le chapitre de Chartres était propriétaire, situés à une courte distance de Saint-Avit, composaient la partie de la forêt du Perche appartenant à Gannelon. Cet abbé laïque vivait en 1045, sous le règne de Henri Ier, fils de Robert, ce roi dévot qui chantait au lutrin, et qui n'en fut pas moins persécuté par le pape Grégoire V et excommunié, parce qu'il se trouvait parent de sa femme au quatrième degré et avait été parrain avec elle.

A Gannelon succéda, dans la propriété de Montigny, son neveu, aussi appelé Gannelon. Celui-ci eut pour successeur un nommé Thuélon, qui forçait les paysans vassaux des moines de Saint-Hilaire, et notamment ceux de Mersantes et de Baronville, de venir moudre à ses moulins, prétention à laquelle s'opposa et y mit fin le moine Yves, prieur de Saint-Hilaire.

Après Thuélon vient Fouché, son fils, qui fut suivi d'Hamelin de Montigny, noms tout-à-fait obscurs et complètement oubliés, quoique portés par des hommes qui vivaient dans un temps de trouble et d'effervescence, tant religieuse que politique ; ce qui nous donne à penser que les propriétaires de Montigny étaient, à cette époque, ou des hommes nuls et sans importance, ou de braves châtelains pacifiques et prudents, et non des aventuriers, comme l'ont été beaucoup de leurs contemporains.

Vers la fin du douzième siècle, nous voyons arriver sur la scène le seigneur Jean de Montigny, qui reconstruisit la ville et le château de Montigny, soit que ces édifices fussent tombés de vétusté, soit qu'ils eussent été ruinés dans les guerres que le roi d'Angleterre, Henri II, fit alors à la France, ce qui paraît vraisemblable, vu que tout le Dunois, dans ces temps de trouble et de misère, fut exposé à de grands bouleversements. Cette reconstruction de la ville et du château est prouvée par un acte de l'an 1198, par lequel ce seigneur reconnaît que, si le prieur de Saint-Hilaire et les vassaux dudit prieuré ont contribué de la somme de quinze livres, pour réédifier la ville de Montigny, cela ne tirera pas à conséquence, et qu'il ne les obligera pas à l'avenir à lui payer une somme pareille.

Jean de Montigny était attaché à la maison de Louis de Champagne, comte de Dunois, dont il était aimé et considéré. C'est en faveur de Jean de Montigny que le comte Louis gratifia la châtellenie de Montigny du droit de haute-justice sur la majeure partie du Dunois située dans le Perche, c'est-à-dire sur les objets où Châteaudun jouissait encore dans ces cantons de l'exercice immédiat de la justice. L'acte de cette concession est du 11 mai 1199, vers le milieu du règne glorieux de Philippe-Auguste.

Nous avons vu que, du temps de Gannelon, le domaine de Montigny était d'une étendue remarquable. Les priviléges dont Louis de Champagne le dota lui donnèrent une importance qui augmenta beaucoup la considération dont jouissaient déjà ses propriétaires.

Jean de Montigny, pour reconnaître le service que lui avaient rendu les religieux résidants à Saint-Hilaire, en contribuant au rétablissement de sa forteresse, ratifia, en 1200, le don que Gannelon leur avait jadis fait de l'église de Saint-Hilaire. Il y ajouta celui de quelques droits que les seigneurs de Montigny s'y étaient réservés jusqu'à lui.

Par un acte de l'année 1208, il exempta les habitants de Saint-Hilaire de tout service, excepté de fournir des voitures pour le transport de l'herbe d'un pré qui était de son domaine, et il accorda aux religieux du prieuré le droit de pêche depuis le moulin du Pont jusqu'à Béchereau. Ce moulin du Pont n'existe plus. J'ignore l'époque de sa disparition.

En 1211, par un acte de cession de la maison dudit prieuré, en faveur du moine Hébert, prieur du couvent, il fut convenu que Jean de Montigny recevrait de celui-ci cent livres et trois coupes d'argent, et Jean, de son côté, s'obligea à servir vingt sous de rente au profit du prieuré.

Jean de Montigny eut de Mathilde, sa femme, Hugues II, qui, du consentement de sa femme, nommée aussi Mathilde, donna des droits à cens à l'abbaye de la Madeleine de Châteaudun, et un autre fils nommé Jean, qui, conjointement avec Isabelle, sa femme, donna aux chanoines de la même abbaye, résidant à Ruan, la moitié de l'étang du Bouloy.

Ce Hugues II eut pour successeurs ses enfants, qui furent Jean, Rahier, Odon, Jeanne et Isabelle. Ces personnages-là ne nous intéressent guère aujourd'hui.

Les personnes qui éprouveraient quelqu'embarras pour s'expliquer comment le clergé était si riche avant la révolution, peuvent remarquer qu'il y a quelques siècles, le bien lui arrivait sans qu'il se donnât beaucoup de peine pour le ramasser. Cela consistait en dons de toutes les sortes, une ferme, un étang, etc. Les donataires regardaient le clergé comme le dépositaire des aumônes qu'ils lui confiaient.

Vient ensuite Philippe de Montigny, dit Duplessis. Ce Duplessis et Jeanne, son épouse, vivaient en 1230, sous le règne de saint Louis. Il est possible et présumable que Philippe de Montigny ajouta à son nom celui de Duplessis, comme étant propriétaire de la ferme dite le Plessis, avant qu'il le fût du domaine de Montigny.

Une petite charte sur parchemin, retrouvée au château

de Montigny, nous fait connaître un seigneur nommé Raoul de Montigny, qui vivait vers le milieu du quatorzième siècle.

Voici la transcription abrégée de cette charte :

« Pardevant la cour de justice de la châtellenie de Châteaudun,

» Comparaissent Jehan de Villecorth et Pernette de Alonne, sa femme, dûment autorisée, déclarent avoir vendu à noble et puissant homme Monseigneur Raoul de Montigny et à ses hoirs, deux arpents de prés appelés les prés de Alonne, assis au Troitval, entre Cloyes et Montigny, tenant aux prés de Guillaume Courson et de Jehan Leabert, mouvant de l'héritage de la demoiselle Pernette Alonne, pour le prix de douze francs d'or, payés pardevant nous.

» Donné sous le scel de ladite cour, l'an de grâce 1382, le mardi vingt-deuxième jour de mai.

» Jehan de Fraize. »

Le seigneur Raoul est le seul propriétaire connu du domaine de Montigny, depuis Philippe du Plessis jusqu'au sieur Guy de Châtillon, qui le céda, le 11 octobre 1391, à Charles duc d'Orléans, moyennant la somme de trois mille livres.

Par cette acquisition, la châtellenie de Montigny fut réunie au comté de Dunois.

Elle fut revendue vers 1409, à Guyot de Renty, pour le prix de six mille livres.

Montigny était dans un état de dégradation tel, qu'on ne peut guère se faire une idée de la valeur des propriétés à cette époque, d'après le prix de ces ventes, c'est-à-dire pendant le cours du triste règne de l'insensé et malheureux Charles VI, sous lequel tous les fléaux semblèrent s'être donné rendez-vous pour venir accabler la France : la peste, la famine, la rigueur des hivers, et, en sus de tout cela, la domination étrangère.

Jacques de Renty, successeur de Guyot, accorda la moyenne et basse justice à frère Gilles de la Teste, prieur de Saint-Hilaire-sur-Yère, sur les vassaux de son prieuré, par acte du 23 avril 1479, en en exceptant le maire et la mairie de Mersantes.

Ces détails en eux-mêmes ne sont pas d'un grand intérêt pour nous ; mais ils nous mettent sous les yeux ce qu'étaient au quinzième siècle la noblesse et le clergé. On voit que quelques moines résidant à Saint-Hilaire avaient des vassaux sur lesquels ils exerçaient la moyenne et basse justice, et jouissaient des droits seigneuriaux, ce qui les plaçait naturellement au niveau de la noblesse.

Ce même Jacques de Renty fit reconstruire le château en partie tel qu'il est actuellement ; et voici la copie d'un acte de notoriété publique qui nous apprend à quelle occasion il fit cette reconstruction partielle.

« 9 mars 1495, devant Me Costé, notaire à Châteaudun.

» ACTE DE NOTORIÉTÉ,

» Par lequel Bastien Lalement, charpentier, demeurant à Cloyes, âgé de quatre-vingt-seize ans, Thenot Jarry, aussi charpentier, demeurant à la Proustière, âgé de quatre-vingt-quatre ans, Pierre Beusle, laboureur, demeurant à Saint-Hilaire-sur-Yère, âgé de quatre-vingts ans, et Perrot Gien, pêcheur, demeurant au même lieu, âgé de quatre-vingt-quinze ans,

» Attestent que, dans le temps que le château de Montigny était en valeur et bon état de fortification, les habitants, sujets dudit Montigny, y faisaient le guet, et qu'il y avait un capitaine ; que ledit château fut démoli et mis en ruine il y a environ soixante-dix-huit à quatre-vingts ans ; que les murs et tours en furent abattus, et que le feu y fut mis par le commandement du seigneur d'Illiers, qui commandait alors à Châteaudun, par la crainte où il était que les Anglais, anciens ennemis de ce royaume, qui étaient alors dans le pays, ne s'en emparassent ; et que le tout a été rebâti à diverses reprises, par Jacques de Renty, pour lors seigneur dudit Montigny depuis vingt ans. De sorte que ledit château est à présent en bon état de réparation et fortification, et qu'on y peut faire le guet aussi bien et même mieux qu'à Courtalain, Le Mée et autres châtellenies du comté de Dunois qui ont droit de guet ;

» Les ci-dessus nommés attestent de plus qu'ils ont vu quatre capitaines qui avaient consécutivement commandé dans ledit château de Montigny : l'un appelé Marchès, l'autre l'Oriflant, un autre Taupineau, et le quatrième Marconville. »

Cet acte, dressé du temps de Louis XII, nous apprend comment le château actuel, qui a tout le caractère de la renaissance, a remplacé la forteresse réparée vers la fin du douzième siècle par Jean de Montigny, et qui, avant d'être brûlée, était en valeur et bon état de fortification ; que les habitants de Montigny y faisaient le guet, et qu'il y avait un capitaine subordonné à un commandant, lequel résidait à Châteaudun et dépendait des comtes de Dunois, ayant inspection sur les troupes qui gardaient le château, ou simplement sur les habitants chargés de le garder.

Après Jacques de Renty paraît sur la scène Jouachain de Fromentières, qui fut seigneur de Montigny en 1584, pendant le court règne de Henri III, fils de Henri II, assassiné par Jacques Clément, dominicain.

L'abbé Bordas dit que, le 20 février 1615, le seigneur de Fromentières accorda au prieur de Saint-Hilaire un droit de chasse, pour son moulin de Béchereau, sur plusieurs hameaux de la baronnie et seigneurie de Montigny, moyennant une rente de six setiers de mouture, mesure de Dunois.

A Jouachain de Fromentières succéda la maison du Raynier, dans la jouissance du domaine de Montigny. Il m'a été raconté qu'un de ces du Raynier, nommé Isaac, lorsqu'un de ses vassaux venait se plaindre qu'il avait été assigné par un huissier, s'informait du chemin que celui-ci avait pris pour retourner chez lui ; dès qu'on le lui avait indiqué : « Qu'on selle ma mule, » disait-il à ses gens. Aussitôt que la mule était sellée et bridée, le châtelain montait dessus et courait après le pauvre diable de sergent, et dès qu'il l'avait rejoint, sans explication préalable, il lui donnait force coups de bâton, pour avoir osé apporter une assignation à un de ses vassaux. C'était un moyen expéditif de terminer, sans frais, les procès de ses vassaux.

La seigneurie de Montigny est ensuite passée par une du Raynier dans la maison d'Etampes, et par Charlotte d'Etampes au comte de Fiennes.

Nous voilà enfin arrivés à une époque où les noms des propriétaires du château de Montigny commencent à devenir moins étrangers aux anciens habitants de la commune ! Dans l'enfance de l'auteur de cette notice, la mémoire de madame de Fiennes était encore toute fraîche dans le pays. Plusieurs personnes prétendaient « qu'on la voyait revenir la nuit, vêtue d'une robe noire et se promenant dans le voisinage du château et dans l'avenue. » On en faisait peur aux enfants.

Madame la comtesse de Fiennes, Charlotte d'Etampes, était de petite taille. Il lui arrivait quelquefois de dire : « *Je suis petite, mais j'ai le bras long.* » Toutefois, elle n'était pas riche, tant s'en faut, et M. le comte son mari, propriétaire d'un régiment de cavalerie, dont l'uniforme était blanc, se trouvait assez embarrassé pour fournir à la paye et pourvoir à son entretien. Ce régiment a tenu quelquefois garnison à Châteaudun ; et alors, pour divertir madame la comtesse, on le faisait manœuvrer et faire la petite guerre dans la plaine entre Cloyes et Boisganier, de manière que des fenêtres du château elle pouvait apercevoir tous ses mouvements et entendre la musique, s'il en avait une.

Bien venue à la cour, et sortant d'une maison qui avait du crédit, elle était impérieuse et exigeante ; car lorsqu'elle entrait à l'église, et allant à son banc seigneurial, qui était placé dans le chœur, si un assistant, quel qu'il fût, homme ou femme, oubliait de se lever, madame la comtesse, pour lui rappeler son devoir de vassal, ne se faisait pas faute de lui donner, dans l'église, des coups de sa canne sur les épaules. Les choses étaient portées à un tel abus, que M. Morisset, curé de la paroisse, homme infiniment respectable, crut qu'il était de son devoir de lui faire des représentations à ce sujet.

Une de ses filles épousa le marquis de Matharel, gouverneur de Honfleur, dont la qualité éminente n'était pas l'économie ; car un vieil intendant, nommé Salas, que M. le comte de Fiennes avait amené d'Espagne, disait, en parlant du marquis, *que bientôt il aurait mangé le château et les chirouettes.*

Je ne puis assigner d'une manière absolument précise le temps que la famille de Fiennes a passé dans notre pays, ne connaissant pas exactement le jour de son entrée en jouissance de la propriété. Cependant, sachant par des documents authentiques qui me sont tombés entre les mains, que M. le duc de Luynes, en qualité de comte de Dunois, fit saisir féodalement, le 13 mai 1713, la terre de Montigny, et que le 13 juin même année, M. le comte de Fiennes, alors absent du royaume, fit demander souffrance, pour faire la foi et hommage de ladite terre, ce qui évidemment suppose qu'il en était propriétaire ; connaissant aussi que, le 2 mai 1754, madame la marquise de Matharel, qui en était héritière, rendit personnellement foi et hommage à M. le duc de Chevreuse de ladite terre de Montigny, ce qui atteste que madame de Fiennes était décédée depuis peu ; en rapprochant ces dates, nous arrivons à savoir que le séjour de madame de Fiennes à Montigny a été de 40 à 41 ans.

Malgré le long séjour de madame de Fiennes dans notre pays, le nom de cette honorable famille est tombé, pour nos contrées, dans un oubli presque complet : pourtant elle n'est pas éteinte, si toutefois M. Matharel de Fiennes qui, l'année dernière, était chargé du feuilleton du théâtre au journal le *Siècle,* en est un rejeton.

Il est douteux que madame de Fiennes ait laissé de vifs regrets dans notre pays. On ne cite aucun acte, il n'existe aucun monument qui rappelle sa mémoire d'une manière qui porte à la reconnaissance. On se souvient au contraire avec peine, qu'elle transporta à Droué, où elle est allée mourir, un marché qui se tenait à Montigny les mardis de chaque semaine. Ce qui prouve qu'elle avait des préférences pour Droué au préjudice de Montigny. Je suis porté à croire que le séjour de Droué lui était plus agréable, et qu'elle y résidait plus souvent qu'à Montigny.

Lorsque le 20 juin 1723, le terrible incendie qui consuma en partie la ville de Châteaudun éclata, par une fatalité déplorable, elle donnait à dîner aux officiers d'un régiment d'artillerie qui était en garnison dans cette ville. Il est probable que la présence de ces messieurs sur le théâtre du désastre eût prévenu de grands malheurs. Ce ne fut qu'au dessert que madame de Fiennes leur apprit ce qui se passait, quoiqu'elle en eût connaissance auparavant.

J'ai dit plus haut que M. le marquis de Matharel n'était pas, en fait d'économie, un parfait modèle. J'ai dit aussi que le 2 mai 1754, madame la marquise de Matharel avait personnellement rendu foi et hommage de la terre de Montigny à M. le duc de Chevreuse. Onze ans après, c'est-à-dire le 15 mai 1765, monsieur, ou plutôt

madame de Matharel, dont les affaires étaient loin d'être
dans un état satisfaisant, vendit, pour la somme de
180,200 francs, ladite terre de Montigny à M. de Saint-
Michel, président à la chambre des comptes de Blois, et
ci-devant lieutenant civil à Marseille.

M. de Saint-Michel n'en jouit pas longtemps. M.
Thiroux de Villemesle, maître des requêtes honoraire,
exerça sur cette terre le retrait féodal au profit de M.
Marie-Philibert Thiroux d'Ouarville, son fils, d'après la
cesssion qui lui en fut faite par M. le duc de Chevreuse,
lequel, comme suzerain, avait lui-même exercé ce
retrait.

Cet acte de suzeraineté donna lieu à un grand procès
entre M. le duc de Chevreuse et M. de Saint-Michel.

Pour comprendre ce que l'on entendait par retrait
féodal, il faut se rappeler ce que nous avons déjà dit plus
haut, que dans le cinquième siècle, des hordes de barbares se sont abattues sur les Gaules, les ont saccagées,
et que le peuple Frank s'y est fixé après en avoir sub-
jugué les habitants.

Dans les premiers temps de la conquête, le Frank
allait à la guerre et le Gallo-Romain payait les impôts.
Les choses ont été sur ce pied pendant quelques siècles ;
mais à la fin de la première race, il n'était plus question
d'impôts, et le Gallo-Frank entrait dans les armées avec
le Frank. Nous avons quelque peine aujourd'hui à con-
cevoir un gouvernement régulier sans impôts ; mais
dans la monarchie des Franks, tous les services publics
s'alimentaient d'eux-mêmes. Ainsi, la guerre était faite
par les guerriers à leurs propres dépens, de même la
justice s'administrait aux dépens des justiciables con-
damnés. Alors, les souverains dont la richesse consistait
en pays conquis, villes et vastes domaines, voulant s'at-
tacher les grands par des bienfaits, se trouvèrent dans la
nécessité de leur conférer des terres, d'abord pour un

temps limité, ensuite pour toute leur vie, moyennant qu'ils en rendraient foi et hommage au souverain ; ce qui voulait dire qu'ils reconnaissaient les avoir reçus de sa libéralité, et qu'ils s'engageaient à le suivre à la guerre ou à lui rendre d'autres services s'il les réclamait. Ces bénéfices que l'on appela fiefs, se changèrent peu à peu en patrimoines. Les ducs, les marquis, les comtes, gouverneurs des villes et des provinces, simples magistrats, soit civils, soit militaires, soit tous deux ensemble, devinrent seigneurs propriétaires des lieux où ils n'avaient eu que l'administration des armes et de la justice. De là naquit le gouvernement féodal, du mot latin *fœdus*, qui signifie alliance ou contrat entre le souverain qui accorde une récompense et le vassal qui s'engage à le servir. Ces libéralités des princes, en même temps qu'elles les affaiblissaient, rendirent certains sujets très-puissants, et même trop puissants ; parce qu'il leur arriva quelquefois de refuser leur assistance au souverain, et même de lui faire la guerre. Ces grands vassaux, à leur tour, concédèrent des terres et eurent des vassaux qui leur rendirent foi et hommage, comme eux-mêmes l'avaient rendu au souverain. On les appela seigneurs suzerains, et ils avaient droit de retrait en cas de mutation. Ce retrait féodal était le refus du suzerain de recevoir la foi et hommage de son vassal, et la faculté de retenir la terre moyennant indemnité.

M. le duc de Chevreuse était le seigneur suzerain des propriétaires du domaine de Montigny, et avait, par conséquent, droit de retrait sur cette terre.

Dans son institution première, le retrait fut destiné à opérer la réunion des fiefs servant au fief dominant. Il tendait à rétablir un corps de seigneurie dans son intégrité, lorsqu'il avait été morcelé. Alors il était incessible, c'est-à-dire qu'il ne pouvait être cédé ; mais depuis, le retrait pouvait avoir lieu, ainsi que la cession, pour procurer au seigneur un vassal qui lui fût plus agréable que celui qui se présentait pour rendre au suzerain sa foi et hommage. C'est ce qui eut lieu à l'égard de M. de Saint-Michel, auquel M. le duc de Chevreuse préféra M. Thiroux.

Voici les motifs qui engagèrent M. le duc de Chevreuse à en agir ainsi envers M. de Saint-Michel.

Devenu propriétaire de la terre de Montigny, M. de Saint-Michel envoya son fils et son frère au château de Montigny. Ils s'y enfermèrent pour se livrer à l'examen des titres; le résultat de cet examen fut d'inspirer à ces messieurs des prétentions inquiétantes pour les voisins ; car, immédiatement après, M. de Saint-Michel fit publier dans les trois paroisses dont M. Thiroux était seigneur justicier et au marché de la ville de Cloyes, un ordre aux habitants de ces trois paroisses de se soumettre à la banalité des moulins de Montigny.

Au moyen de cette prétention inattendue, la totalité de la terre de Villemesle, appartenant à M. Thiroux, composée de trois paroisses et de cinq hautes-justices, était menacée d'une servitude générale.

Cette même prétention s'étendit à d'autres fiefs et enclavait quatre à cinq lieues de pays.

M. le duc de Chevreuse, seigneur du comté de Dunois, dont la terre de Montigny était la première châtellenie, ne fut pas exempt des recherches de M. de Saint-Michel et de ses préposés.

Ce fut pour se garantir des entreprises de M. de Saint-Michel, que M. Thiroux demanda à M. le duc de Chevreuse la cession de son retrait féodal en faveur du sieur Thiroux d'Ouarville, son fils.

M. le duc de Chevreuse s'y prêta avec d'autant plus de facilité que, par ce moyen, il obligeait un vassal qu'il estimait, et que lui-même se trouvant compromis relativement à ses droits, par les prétentions de M. de Saint-

Michel, il crut qu'il était important d'écarter un acquéreur qui venait troubler la tranquillité dont on avait joui
jusqu'alors dans cette partie du Dunois.

Ce fut le 22 avril 1766, que M. Thiroux d'Ouarville fit
donner copie au président de Saint-Michel d'un acte du
14 du même mois, par lequel M. le duc de Chevreuse lui
avait cédé, sans garantie, le droit de retenue féodale de la
terre de Montigny.

Le sieur d'Ouarville fit faire en même temps des offres
réelles du prix porté dans le contrat d'acquisition, et
elles furent aussitôt suivies d'une assignation donnée
aux requêtes du palais, tendant à lui abandonner et dé-
livrer par droit de retrait la terre dont il s'agissait.

Ce fut pour M. de Saint-Michel un coup de foudre, et
il songea aux moyens qu'il pourrait employer pour se
garantir d'une dépossession qui le menaçait.

Alors il prétendit que la cession faite par M. le duc de
Chevreuse était nulle, s'il n'était point en effet le vrai
seigneur du Dunois; et pour résoudre le problème, il
voulut remonter jusqu'aux sources. Il consulta les ar-
chives et interrogea les monuments historiques. En conséquence de son travail, il crut ou fit semblant de croire
qu'il avait découvert ce qui faisait l'objet de ses recherches; c'est-à-dire que M. le duc de Chevreuse n'était pas
le propriétaire légitime du comté de Dunois, *mais que
c'était le roi.*

M. de Saint-Michel fondait son raisonnement sur ce
que Louis d'Orléans, frère de Charles VI, obtint, au
mois de juin 1399, des lettres-patentes de son frère,
pour tenir le comté de Dunois en pairie et en apanage,
ce qui le rendait essentiellement reversible à la couronne;
que le même Louis d'Orléans, par reconnaissance des
services rendus, le céda, en 1439, le 21 juillet, à Jean
d'Orléans, dit le Bâtard, à la condition de reversibilité à
la couronne; qu'à la vérité, par un autre acte du 25 no-

vembre 1446, par reconnaissance de nouveaux services, il le lui avait cédé pour lui et sa famille, sans la condition de reversibilité ; mais que la famille de Jean-le-Bâtard s'étant éteinte dans l'abbé d'Orléans, mort en 1694 , et en sa sœur, madame de Nemours, décédée en 1707, sans postérité, le Dunois rentrait dans la possession de la couronne.

M. le duc de Chevreuse répondit à cela qu'il avait recueilli le comté de Dunois dans la succession de Louise-Léontine-Jacqueline de Bourbon, sa mère, laquelle en jouissait en qualité d'héritière de Louis-Henri de Bourbon, prince de Neufchâtel , son père.

Le prince de Neufchâtel avait reçu ce comté en mariage, à titre de donation, de madame la duchesse de Nemours, sa cousine, qui en était devenue propriétaire en qualité d'héritière de M. l'abbé d'Orléans, son frère, dernier descendant mâle de la maison de Longueville.

M. le duc de Chevreuse ajoutait que M. de Saint-Michel n'était pas recevable à contester la validité de la cession faite au sieur Thiroux d'Ouarville , parce qu'il n'avait pas qualité pour cela , vu qu'il s'emparait, dans son propre système, des droits d'autrui. Vous prétendez, lui disait-on, que le comté de Dunois appartient au roi ; c'est donc au roi ou à ses délégués à réclamer , et non à vous, qui avez reconnu M. le duc de Chevreuse pour votre seigneur suzerain, lui ayant offert de lui rendre foi et hommage en cette qualité.

Il faisait aussi valoir la prescription.

Je crains bien de m'être trop étendu sur ce procès qui, dans le temps, fit beaucoup de bruit , et qui se termina par un avis du parlement , du 9 avril 1767, qui déclara la cession valable et maintint M. le duc de Chevreuse dans ses titres, qualités et possession du comté de Dunois , et cela après un plaidoyer de douze audiences.

M. Thiroux, tranquille sur le sort de son acquisition , en prit possession le 9 août suivant. Une messe en musique fut chantée avec beaucoup de solennité et accompagnement d'instruments. Les paroisses qui dépendaient de la châtellenie de Montigny, avec leur bannière en tête, y assistèrent, ainsi que la noblesse des environs.

Après la cérémonie religieuse, un repas splendide fut servi pour la noblesse dans le château. Les délégués qui représentaient les communes, au nombre de 600 personnes au moins, furent traités parfaitement, en plein air ou sous des tentes dressées dans les cours. Des chansons improvisées furent chantées en l'honneur du nouveau propriétaire, et dix-huit violons (juste autant que le roi Louis XIV en entretenait) et d'autres instruments exécutèrent des morceaux de musique pendant le repas. Le reste de la journée fut employé en danses et en divertissements de toutes sortes, tels que mâts de cocagne, courses, feu d'artifice, etc.

Le château était dans un état de dégradation déplorable lorsque M. Thiroux en prit possession; quoique M. de Saint-Michel eût déjà dépensé des sommes assez considérables à sa restauration. Madame de Fiennes était pauvre et dans l'impuissance d'entretenir cette masse de constructions qui composaient le château et ses dépendances. Elle les laissa telles qu'elle les avait reçues, c'est-à-dire avec quelques restes des anciennes fortifications : des fossés en avant du château, un pont-levis et autres accessoires de la féodalité défaillante.

L'abbé Bordas nous dit que l'enceinte de la petite ville de Montigny était garnie de tours et de portes fortifiées. Celle du côté de Châteaudun est encore entière suivant lui. Le château, ajoute-t-il, faisait lui-même partie de l'enceinte vers le midi, de manière que la cour regardait la ville, dont elle était cependant séparée par une muraille flanquée de tourelles, et enveloppée d'un fossé qui permettait de défendre encore le château après la prise de la ville.

En interrogeant mes souvenirs, et cherchant à me

rappeler dans quelle situation se trouvaient ces différents objets dans les premières années du séjour de M. Thiroux, en partie par ouï-dire, en partie pour les avoir vus dans mon enfance, et en prenant les unes après les autres le peu de ruines qui restent de l'ancienne ville, je vais tâcher de donner une idée approximative de ce que pouvait être Montigny au seizième siècle, depuis que M. Jacques de Renty avait reconstruit le château et réparé les murs de ville.

Le premier point de reconnaissance dont je vais me servir pour me guider dans cette entreprise, est un reste de porte de ville, dite la Porte-d'Abas, que l'on voit dans le ravin qui descend au moulin, près du sentier vulgairement connu sous le nom de *la Montée*. La portion de muraille au midi, du côté du tertre, faisant partie de la vieille porte, était anciennement soutenue par un rang de fortes pierres de taille, qui ont été enlevées et vendues en 93. Le côté nord attenant à la montée, depuis près de quatre-vingts ans, est resté, à très-peu de chose près, tel qu'il est aujourd'hui. Dans l'ancien temps, la place où est le sentier était occupée par une muraille faisant face à celle qui est au midi. Le tout composait la porte qui existait de ce côté vis-à-vis du moulin. Le tertre n'existait pas, ou plutôt était simplement un sentier qui conduisait aux caves.

La montée côtoie le mur de clôture de la propriété appartenant à la famille Baugé. Cet emplacement a retenu le nom de quartier. La portion de mur qui se dirige vers le sommet du côteau, à partir de la porte susmentionnée, si l'on consulte son épaisseur dans certaines parties, semble avoir appartenu à d'anciennes murailles qui faisaient partie des murs de ville qui ont probablement existé de ce côté. La base de la petite tour carrée qui est sur la hauteur, à l'extrémité du mur, semble aussi être un reste des anciennes murailles. C'est tout ce qui peut rappeler l'ancien bâtiment du quartier ou place d'armes, lequel nécessairement devait être un lieu fortifié.

En nous dirigeant vers le couchant, à cent vingt-quatre mètres du quartier, nous arrivons à une construction solidement bâtie en pierres de taille et d'un genre singulier. Du quartier à ce monument, il ne reste aucun vestige des anciennes fortifications. Il y en avait cependant : c'est-à-dire des murailles solidement bâties comme celles dont nous voyons quelques fragments ; car à quoi aurait servi la porte Roland et les autres fortifications, si la campagne avait été ouverte et libre de ce côté ?

Dans la façade du bâtiment dont nous venons de parler, laquelle donne sur la rue qui conduit au quartier, on remarque cinq ouvertures, qui ont chacune deux mètres soixante centimètres en hauteur, et un mètre vingt-huit centimètres en largeur. Leur partie supérieure, qui fait voûte, est ornée de moulures de grosseurs différentes. Celle qui est au faîte peut avoir un diamètre de dix centimètres : elle est la plus volumineuse. Les autres, qui sont au nombre de quatre, éprouvent des décroissances successives, qui réduisent la dernière à un volume dont le diamètre est d'un centimètre et demi.

Ces simulacres de croisées sont des échancrures régulières pratiquées dans le mur. Elles arrivent insensiblement à former un vide dans toute leur hauteur, qui n'a de largeur que quelques centimètres, par où l'air et la lumière arrivaient dans une salle assez spacieuse, ayant à son extrémité orientale une grande et belle cheminée. Cette salle servait probablement de corps-de-garde.

Son propriétaire actuel a converti, en les élargissant, deux de ces ouvertures, l'une en croisée qui éclaire la chambre, et l'autre en une porte par laquelle on sort dans la rue. Il a aussi partagé cette salle en deux parties par une cloison : dans la partie qui est au couchant on a pratiqué un corridor, et au-delà une étable, dont l'entrée est la porte de ladite salle, laquelle porte est aussi décorée de moulures ; mais d'une plus forte dimension que celles des croisées et dans le même style. Son élévation est de trois mètres et sa largeur de deux.

On présume que cet édifice a été bâti par Jean de Montigny à la fin du douzième siècle, lorsque ce seigneur réédifia la ville.

A dix mètres plus loin, vers le nord, nous arrivons à la porte Roland. Son nom et sa physionomie nous rappellent les temps voisins de ceux où vivait Charlemagne, soit que sa construction ait précédé ou suivi le règne de ce grand prince. En avant de sa façade méridionale, on remarque quelques restes de voûte attachés au mur latéral à l'ouest, qui décèlent, par leur direction, qu'ils ont appartenu à une construction cintrée supportant une plate-forme éclairée par une croisée percée à l'ouest dans la muraille, où dans sa partie basse la herse était suspendue. Cette plate-forme était close, suivant toutes les apparences, car sans cela la croisée dont nous venons de parler eût été inutile. La hauteur de cette ouverture est de deux mètres et demi, et sa largeur de soixante-dix à quatre-vingts centimètres; il est difficile de préciser la grandeur de cette chambre, qui pouvait contenir quarante à fcinquante combattants, lesquels, par quatre meurtrières ouvertes à la partie supérieure de la porte, pouvaient lancer des projectiles sur ceux qui auraient tenté de la briser pour entrer dans la ville. Les rainures, de six pouces de large et autant de profondeur, par lesquelles la herse montait et descendait, nous mettent à même d'apprécier son épaisseur ; elle était en avant du portail en ogive et en pierres de taille parfaitement conservées. Le portail a quatre mètres d'ouverture, le pilier à l'est qui le soutient a deux mètres de large, celui qui est à l'ouest est d'un demi-mètre, ce qui donne un total de sept mètres et demi pour les piliers et le portail ; quant à sa hauteur, elle est de dix mètres.

A la partie supérieure du mur, au-dessus des meurtrières, des pierres de taille, au nombre de huit, faisant partie de la muraille, ont à leur surface en saillie des têtes sculptées, espèces de masques à large bouche et aux traits grossiers, pour ne pas dire hideux, qui dénotent des sculptures du huitième ou neuvième siècle ; leur aspect reporte l'esprit vers Charlemagne, et, dans le pays, elles ont l'honneur de s'appeler, l'une Olivier, l'autre René de Montauban, puis Oger-le-Danois, etc.

Cette partie supérieure de la porte supposant une architecture en usage dans les temps voisins de Charlemagne, et la forme ogivale du portail nous reportant aux Croisades ; cette anomalie ne peut s'expliquer qu'en supposant que la porte Roland a subi des réparations au douzième siècle, par Jean de Montigny:

En partant de la porte Roland et se dirigeant vers l'ouest, on rencontre d'abord quelques maisons dont la première a son pignon appuyé à la porte Roland.

Derrière ces quelques maisons sont des jardins qui, jadis, faisaient partie des fossés de ville. Quelques toises plus loin est un fragment de l'ancien mur de ville d'un mètre cinquante centimètres d'épaisseur, en solide maçonnerie, qui leur sert de clôture. Au-delà de ces jardins est un verger planté dans ces mêmes fossés qui, plus profonds et mieux prononcés, forment ceinture au pied des fragments des anciens murs de ville ; ces restes sont encore solides et couverts de lierre.

Le propriétaire du verger, en construisant un mur de clôture qui traverse le fossé, a trouvé dans les fondations un denier à l'effigie de Louis XIII, ce qui ferait présumer qu'on a commencé à le combler postérieurement au règne de ce prince.

En s'avançant vers l'ouest, les fossés de ville arrivent et finissent presque au pied d'une petite tourelle moins solide et plus moderne que les murs de ville. On voit çà et là, dans les murs de cette tourelle, des meurtrières susceptibles de recevoir le bout du canon d'un fusil. Le chemin qui conduit à l'église passe près d'elle, à une légère distance, et la sépare d'un reste de vieille muraille, laquelle faisait partie d'une porte connue sous le nom de porte de Saint-Gilles.

A partir de cette porte jusqu'aux bâtiments attenant au château, nous n'avons plus rien qui puisse nous guider dans la reconstruction de la ville ; mais on ne peut se dispenser de supposer que les murs d'enceinte de ce côté se continuaient jusqu'à la butte de terre, entourée de murailles, qui se voit au midi des écuries, et à quelques mètres de distance ; vu qu'il n'est pas présumable que ce côté de la ville fût resté à la merci des ennemis.

En prenant l'un après l'autre les débris qui nous restent de l'ancienne enceinte de la ville, à partir de la porte placée à mi-côte vis-à-vis le moulin, de là montant au quartier, puis nous dirigeant vers la porte Roland, parcourant les fossés de ville jusqu'à la petite tourelle placée sur le bord de la rue de Saint-Gilles, et de là nous avançant jusqu'à la butte, nous avons fait le tour de la ville de Montigny-le-Gannelon, jadis la première châtellenie du comté de Dunois, après Châteaudun.

La promenade n'a pas été longue, par la raison toute simple que la ville de Montigny était petite. Elle était hérissée de fortifications ainsi que le mur d'enceinte du château, qui en était séparé par une cour dont on peut mesurer la grandeur en tirant une ligne légèrement courbée, qui partirait de la lingerie et viendrait aboutir aux écuries bâties par M. Thiroux, ou plutôt à la butte de terre. Le mur qui entourait cette cour était solidement fortifié. L'auteur de la notice se rappelle que M. Thiroux, dans les premières années qu'il a habité Montigny, employait la mine pour les faire sauter, notamment une tour qui occupait la place où est maintenant la lingerie.

M. Thiroux, après avoir débarrassé la cour, dont les abords étaient encombrés de vieilles constructions en ruine, répara les fossés et éleva au milieu une porte d'entrée en fer, placée sur une arche qui conduisait à l'avenue ; il n'agrandit pas la cour.

Les choses sont restées dans cet état jusqu'à M. de Montmorency-Laval, qui, ayant acheté les bâtiments d'une métairie ayant appartenu à M. Busson, ancien député et sous-préfet de Châteaudun, détruisit, par ce moyen, une servitude qui donnait le droit aux voitures de la ferme de passer dans l'avenue, et, n'étant plus gêné par cette servitude, il éleva un mur qui sépare la place publique de l'avenue, combla les fossés et agrandit la cour du château, qu'il prolongea, et la fit remonter de manière à arriver au niveau des murs de grange et de cuverie de l'ancienne ferme.

La maison d'école des jeunes filles était une grange de la ferme dont on a su faire un local commode et assez spacieux pour l'objet de sa nouvelle destination. Elle était séparée des autres bâtiments par la place publique.

Avant ces changements, l'assemblée de la fête de Saint-Gilles se tenait dans cette avant-cour, aujourd'hui convertie en bosquets. Il est fâcheux que les agréments du château n'aient pu se concilier avec l'intérêt du pays.

On peut se figurer quelle belle apparence devait avoir l'ancienne citadelle, avec ses tours et ses créneaux, vue de loin, éclairée par les rayons d'un beau soleil couchant. Ce château-fort, flanqué de tourelles et de bastions comme on les construisait au temps de la féodalité, ne devait ressembler en rien à celui que nous voyons aujourd'hui, dont la majeure partie a été bâtie du temps de Louis XII, par Jacques de Renty. Le prestige du nom d'une châtellenie de premier ordre, joint à l'aspect imposant d'un manoir féodal, a dû fixer l'attention et inspirer la verve des troubadours et des faiseurs de légendes du moyen-âge qui, avec les clercs et les moines, étaient les seuls lettrés de ce temps-là. Nous pourrons en citer, comme échantillon, une légende tirée de *l'Echo Dunois*, dans son numéro du 25 janvier 1851.

L'article est intitulé :

LA DAME DE MONTIGNY-LE-GANNELON,

LÉGENDE POPULAIRE.

« Cette histoire de la châtelaine de Montigny, que les vieillards de nos campagnes racontent encore à leurs petits enfants, comme leur ayant été contée à eux-mêmes par leurs grands parents, découle sans doute des faits véridiques (1) qui se passèrent dans des temps très-reculés, et qu'une longue suite de narrateurs a plus ou moins embellis.

» Voici le récit qu'on en fait de nos jours ; il se ressent un peu du surnaturel, comme toutes les vieilles histoires.

» Depuis près de deux ans, le seigneur châtelain de Montigny était parti pour de lointains pays où la guerre avait porté ses ravages ; il avait laissé dans son château son épouse et quelques serviteurs.

» La châtelaine était loin de ressembler à son époux. Celui-ci était très-affable et rempli de bonnes qualités ; celle-là, au contraire, était dure et hautaine : aussi ses vassaux la craignaient-ils ; car ils avaient à souffrir de son mauvais caractère, lorsque le châtelain partait pour

(1) Ce qui nous le prouverait, c'est le surnom que portent encore deux villages cités dans la légende de Montigny.

quelque voyage. Le retour de leur seigneur était, en revanche, toujours attendu avec impatience, et son arrivée était fêtée avec une grande joie de la part de ces pauvres gens.

» De jour en jour on attendait le bon châtelain, et des mois entiers s'écoulaient sans nouvelles aucunes. Ce fut dans ces mêmes temps que la dame châtelaine rencontra un soir une mendiante accompagnée de sept petits enfants qui semblaient avoir tous le même âge. La pauvre femme s'approcha d'elle, lui demandant quelque aumône pour le soutien de sa famille, mais la Dame lui dit avec dureté : « *Une chienne ne porte pas plus de petits que vous d'enfants.* » A ces mots, la mendiante, qui n'était rien moins qu'une sorcière, lui répondit : « *Vous riez de moi, madame, mais, pour votre punition, vous aurez en une seule couche autant d'enfants qu'une truie a de petits.* » Après ces paroles, elle disparut, et la Châtelaine se retira, riant beaucoup de ce que venait de lui dire la vieille mendiante ; mais l'histoire rapporte que, quelque temps après, la Dame mit au monde neuf enfants qui naquirent le même jour. Elle devint furieuse et ordonna que l'on se mît à la recherche de la maudite sorcière ; puis, ayant fait venir une de ses femmes, elle lui dit : » *Mon mari doit revenir bientôt : comme je redoute sa colère, enlève huit de ces marmailles, et va les jeter dans les eaux du Loir.* La servante renferma dans un sac les huit enfants désignés, et elle se dirigeait, favorisée par la nuit, vers le Loir qui baigne la base des côteaux de Montigny, lorsque tout-à-coup elle entendit devant elle un grand nombre de cavaliers et d'hommes d'armes à pied, à leur tête. Elle n'eut pas de peine à reconnaître son seigneur et maître ; celui-ci lui dit : « *Où vas-tu à cette heure, ma mie?* » Elle lui répondit qu'elle allait noyer des petits chiens ; mais son maître lui ayant demandé à les voir, elle fut forcée de tout avouer.

» Le bon et brave châtelain fut tellement pénétré de douleur en apprenant les fautes de son épouse, qu'il entra, contre son ordinaire, dans un grand courroux et jura de la punir ; il fit élever secrètement les huit enfants dans le village de Montigny, puis un jour (1) il les fit venir au château, mit au milieu d'eux celui que la châtelaine avait adopté, et les ayant tous vêtus de même, il envoya chercher sa femme et lui dit : « *Madame, où est votre fils, montrez-le moi ?* » Elle ne le put, car ils étaient très-ressemblants : devenue confuse, elle se jeta aux pieds de son mari, mais il la repoussa et lui dit : « *Quel supplice avez-vous mérité ?* » Celle-ci lui répondit qu'elle méritait être jetée par la plus haute fenêtre du château, renfermée dans un tonneau garni de lames de couteaux à l'intérieur. Le châtelain ayant donné ses ordres, la malheureuse roula ainsi renfermée jusque dans le Loir ; le courant l'entraîna bien loin de là. Un homme d'armes la suivait, et criait aux curieux des pays qu'il traversait : « *Laissez passer la justice..... »*

» Enfin la malheureuse châtelaine étant arrivée vers le soir entre Saint-Claude et Saint-Jean, villages situés au-dessous de Bouche-d'Aigre, sur le Loir, elle se mit à crier merci. L'homme d'armes qui devait la suivre jusqu'à Saint-Jean, pour la retirer morte ou vive, eut pitié de ses plaintes ; il retira la cruelle machine et en fit sortir la pauvre victime dans un piteux état. Elle demanda des vêtements pour se couvrir, on lui apporta un manteau, et quand elle l'eut mis sur elle, elle s'écria : « *Ah ! froid mantel !* » Ce furent ses dernières paroles (2).

» C'est depuis cette époque que les villages de Saint-

(1) Les uns disent sept ans après leur naissance.

(2) *Autre version.* Arrivée près de Saint-Jean, elle demanda où elle était ; l'homme qui la suivait le lui ayant dit, elle s'écria : « *Ah ! froid mantel !* » après quoi le tonneau s'enfonça dans l'eau.

Claude et Saint-Jean portent le surnom de *Froidmantel.*

» Il existe dans l'église de Saint-Claude-Froidmantel une pierre tumulaire, autour de laquelle sont gravés ces mots :

» CY GIST FEUN NOBLE HOME JEHAN DE MONTIGNY, EN SON VIVANT SEIGNEUR DE VILLE-PUERE (1), QUI TRESPASSA LE 14 DE MAY 1545.

» Peut-être ce seigneur était-il celui dont il est parlé plus haut. »

Cette lamentable histoire, ressuscitée par *l'Echo Dunois,* doit avoir une date fort ancienne. La sorcière, le châtelain qui, à la tête de ses hommes d'armes, arrive d'un long voyage, reportent l'esprit vers les croisades, ou au moins vers les temps où les seigneurs se faisaient la guerre entr'eux, ce qui nous rejette en plein moyen-âge.

Il y a quelques siècles, Montigny était renommé pour ses pierres de taille inaltérables à la gelée, et ses fours à chaux ; ceux-ci étaient constamment en activité. Un poëte, Augustin Costé, qui publia, en 1604, un poëme en vers latins sur la ville de Châteaudun et le comté de Dunois, parle des fourneaux de Montigny et les compare à un volcan d'où s'échappent incessamment des torrents de feu et de fumée. A l'entendre, Montigny, à certains jours, présentait l'aspect du Vésuve en colère. Malheureusement le volcan s'est bien apaisé, au point qu'on ne voit plus qu'à de rares intervalles les flammes qui sortent de nos fours à chaux.

Dans le temps du poëte Augustin Costé, Montigny, seul dans nos contrées, était en possession de cuire la chaux, qui, comme aujourd'hui, était d'une excellente qualité et se répandait à six lieues à la ronde ; les propriétaires des fourneaux avaient peine à suffire aux

---

(1) Villeprover.

demandes qui leur étaient faites. Aujourd'hui, des établissements rivaux se sont formés. Moréo, Pezou, Cloyes, Châteaudun, La Ferté-Villeneuil, etc., ont leurs fours à chaux. De sorte que Montigny n'a plus le même débit de sa marchandise qu'à l'époque où vivait le poète Costé, et dès lors les fours à chaux ayant cessé de jeter des flammes, ont perdu toute leur poésie, et les comparer à un volcan serait un anachronisme ridicule.

Un auteur, qui a écrit sur le Dunois, renchérit sur le poète latin; il pense que le nom de Montigny, qui en latin est composé de deux mots, *Mons Ignitus*, doit son étymologie au feu des fours à chaux, qui rappellent une montagne de feu. J'avoue que j'ai de la peine à me ranger de son avis, attendu que, probablement, Montigny s'appelait Montigny avant qu'on y eût bâti des fours à chaux.

Sur la place, à laquelle fait face l'école des jeunes filles, près du chemin qui passe à son extrémité nord, était dressé un carcan, auquel était attaché un collier en fer, destiné à l'exposition des malfaiteurs. Il fut enlevé peu d'années après la prise de possession de M. Thiroux.

Du temps de madame de Fiennes, sur cette même place, qui était plus grande qu'elle est aujourd'hui, se tenait un marché abrité par une halle.

Le muid de grain de Montigny valait seize setiers, mesure du Dunois.

Quoique Montigny eût, dans ces derniers temps, perdu de sa considération sous le rapport de son importance féodale, on y a tenu audience dans le local qui, aujourd'hui, sert de fournil au concierge du château, jusqu'au commencement de la révolution. Le tribunal se composait d'un juge qui était M. Bignon, avocat distingué de Châteaudun, de quelques procureurs de la même résidence, et d'un sieur Bordas, qui était procureur et en même temps barbier à Cloyes.

Quelques années avant la révolution, M. Thiroux

exigea des habitants de Montigny qui avaient des propriétés, le renouvellement de la foi et hommage. Ce renouvellement de titres a occasionné dans le pays une dépense inutile, la révolution ayant aboli tous les droits féodaux.

L'église paroissiale, au nord de la ville et en dehors de son enceinte, était placée, comme elle l'est encore aujourd'hui, sous l'invocation de Saint-Gilles. La tradition nous dit que dans l'intérieur de la ville, près du château, il existait une église dédiée à l'archange Saint-Michel. Le besoin qu'on avait, dans l'intérieur de la ville, d'un lieu de prière pour le service des hommes d'armes préposés à sa défense, vient à l'appui de cette opinion et rend le fait vraisemblable. Je suis porté à croire que, dans un temps [très-éloigné, cette église était paroissiale, et celle de Saint-Gilles, qui était dans le faubourg, dépendait du couvent des religieux Bénédictins, succursale de Tyron, qui probablement la desservirent plus tard comme paroisse.

Avant la révolution, Montigny, Saint-Hilaire-sur-Yère et Cloyes, étaient du diocèse de Blois, dont l'érection n'est pas fort ancienne.

J'ai vu notre église avant la révolution. Un énorme banc seigneurial remplissait presque dans son entier le côté gauche du chœur. La chaire était près de la porte d'entrée de l'église, à la place occupée actuellement par le banc des fabriciens. Elle était pauvre notre église, et la révolution ne l'a pas enrichie. Son ornementation était lourde et de mauvais goût. Grâce à l'intelligence éclairée et au zèle persévérant de M. Radais, curé actuel, cette sombre et triste église d'autrefois a été renouvelée et peut aujourd'hui, par son élégante simplicité, servir de modèle et être considérée comme une des plus jolies églises de nos contrées. Tout a été changé. L'autel est du meilleur goût, la sainte table en bois de chêne a fait place à une autre en fonte, avec des ornements appropriés à son usage. Le chœur, jadis garni de bancelles inégales et mobiles, est meublé de stalles fort propres ; le lambris, badigeonné et peint en gris, est beaucoup plus agréable à la vue qu'autrefois. Malheureusement elle a le défaut d'être trop petite ; les jours de fêtes solennelles, les fidèles sont embarrassés pour y trouver des places.

Les moines pullulaient dans le moyen-âge ; il y en avait à Montigny, à Saint-Hilaire-sur-Yère, à Douy, à Ruan et à Yron, près Cloyes.

Lorsque le zèle religieux commença à se refroidir, et que les grands monastères cessèrent d'envoyer des moines dans les campagnes, ils retinrent les dimes dont ceux-ci jouissaient, ainsi que le droit de nommer aux cures qu'ils desservaient. Alors l'ecclésiastique qui exerçait les fonctions curiales prenait à ferme assez souvent les dimes du titulaire (c'est ce qui avait lieu à Montigny), et recevait du gouvernement ce qu'on appelait la portion congrue, qui était de 500 fr. Le casuel était moins productif qu'aujourd'hui. Une messe se payait douze sous, et un évangile un sou.

De ce retrait des dimes sont venus ce que dans l'ancien régime on appelait bénéfices simples. C'était un grand abus que ces bénéfices simples qui étaient accordés à la faveur. Des enfants que l'on faisait tonsurer, pour être aptes à les posséder, en étaient pourvus dans l'expectative d'autres faveurs. L'auteur de la notice a connu un écolier, à peine âgé de douze ans, qui jouissait d'un bénéfice de seize à dix-sept cents francs, sans aucune charge, si ce n'était l'obligation de porter un habit brun et de réciter, à certains jours, ce qu'on appelle les Petites-Heures.

Un prieur de Bouche-d'Aigre, que plusieurs personnes de Montigny encore existantes ont pu voir, était aussi pourvu d'une de ces sortes de bénéfices. Un joli carrosse à deux chevaux amenait le bénéficier au château de Montigny, où il passait des semaines entières à se divertir et à faire la cour aux dames.

Charlemagne, en dispensant les évêques du service militaire, les avait autorisés à percevoir les dîmes. Elles appartenaient primitivement aux seigneurs, qui les cédaient aux monastères moyennant indemnité. Les religieux du prieuré de Montigny avaient acheté les dîmes de la paroisse, en 1231, d'Odon de Vallières et d'Agnès de Montigny, son épouse. Ce qui fut ratifié par Philippe de Montigny, dit Duplessis, frère d'Agnès, et, après sa mort, par Jeanne, sa veuve.

Lorsque M. Thiroux entra en possession du domaine de Montigny, il trouva le château et ses dépendances dans un état de délabrement qui a nécessité de grandes réparations, et par conséquent des dépenses considérables. Les murs du parc croulaient de toutes parts. On allait dans les vignes de Derrière-la-Motte par un chemin qui le traversait. C'est lui qui les a relevés et bâtis à neuf, ainsi que les bâtiments de la ferme et la maison du jardinier. C'est aussi à M. Thiroux qu'on doit les bois qui ont retenu le nom de Plants, quoique déjà anciens; promenade charmante, où les jeunes gens du pays vont, dans les beaux jours, se promener et danser des rondes, les dimanches et les jours de fête.

M. Thiroux a joui paisiblement de la propriété de Montigny jusqu'à la révolution. Marié à une créole de la Martinique, mademoiselle Dubuc, dont il n'a point eu d'enfants, et possesseur d'une fortune considérable, qu'il a dépensée en grande partie à des plaisirs bruyants, tels que comédies, grandes chasses, concerts journaliers, ayant à sa solde trois ou quatre musiciens, il avait rendu le pays très-animé, très-gai. S'il eût dépensé en bienfaits ce qu'il a dissipé en frivolités, pour ne pas dire en folies, il eût pu jeter beaucoup d'aisance dans la com-

mune, à laquelle cependant il a rendu service en exé-
cutant de grands travaux, auxquels les gens de Montigny
ont pris part, et en faisant des échanges de terrains,
qui ont toujours été à l'avantage des particuliers qui ont
traité avec lui.

C'est M. Thiroux qui a joint au domaine de Montigny
la terre du Fourny. Cette terre relevait de Montigny.
Elle était fief et château, c'est-à-dire était un domaine
noble avec un château. Du temps de madame de Fiennes,
le Fourny était possédé par une dame de la Bruyère,
belle-mère du marquis de Créqui, lieutenant-général.
Cette dame vivait en assez mauvaise intelligence avec
madame de Fiennes, qui n'était pas d'un caractère des
plus faciles. J'ai entendu dire que madame de Fiennes,
dans un accès de mauvaise humeur, l'avait menacée de
lui enlever le point de vue qui s'étendait du Fourny à
Montigny, dont on apercevait le château, et qu'elle lui
avait dit avec aigreur qu'elle lui barrerait son coup-d'œil.
C'est ce qu'elle fit en plantant la lisière de bois que l'on
a depuis appelée la Barre. Je ne garantis pas l'anecdote;
mais on l'a répétée tant de fois devant moi, dans mon
enfance, que je suis disposé à la croire véritable.

Dans le château du Fourny, il y avait une vaste cha-
pelle, à laquelle on allait en station aux Rogations.

Madame de la Bruyère vendit cette propriété à M.
Charles-François Houël de la Roche-Bernard et Viviers,
gouverneur de l'île de Ré. L'épouse de M. le marquis
de Montbire, tante du dernier Houël, a hérité de cette
terre et d'autres biens de son neveu. Je ne puis assurer si
c'est de M. de Montbire que M. Thiroux a acheté ce
domaine.

M. Thiroux étant décédé, par arrangement de famille,
Montigny a passé à M. Dubuc-Marcussie, frère de sa
seconde femme. Je dois mentionner ici que M. Thiroux
avait profité de la loi du divorce pour se séparer de sa

première femme, et avait épousé une demoiselle Dubuc-Marcussie, cousine de celle-ci.

M. Dubuc-Marcussie, devenu propriétaire de Montigny, l'a vendu à M. Mazeau, ancien négociant, qui, en faisant badigeonner et peindre son château, lui a ôté son caractère d'ancienneté qu'il avait auparavant.

Du château on apercevait jadis dans le Grand-Gué deux restes de piles d'un ancien pont, sur l'une desquelles il y avait un orme assez élevé, par dessus lequel, le lundi de la Pentecôte, les hommes nouvellement mariés étaient obligés, sous peine de payer une amende, de lancer une petite pelote dite éteuf ou éteur, comme on l'appelait à Montigny, après l'avoir, en deux jets, à partir du Grand-Clos, amenée à la distance voulue pour pouvoir, d'un dernier jet, la faire passer par dessus l'orme fatal. Il paraît que ces débris d'un ancien pont déplaisaient à M. Mazeau, qui a jugé à propos de les faire disparaître, sans réfléchir qu'ils servaient de guide aux voituriers étrangers à la localité. Depuis, on les a remplacées par des pieux dressés de distance en distance.

M. Mazeau, inspiré par son génie économique, a baissé des deux tiers la butte de terre placée en dehors de la cour et au sud-ouest du château. Elle était autrefois soutenue par d'épaisses et solides murailles qui l'entouraient jusqu'à son sommet. Leur entretien parut sans doute à M. Mazeau une charge trop lourde, comparée à leur utilité et à celle de la butte, il a préféré les supprimer en partie, ce qui me paraît regrettable.

Sur cette butte, M. Thiroux avait bâti un petit ermitage ; il est douteux que ce soit par dévotion. La clochette, le crucifix et le prie-Dieu, rien n'y manquait, si ce n'est l'ermite. Il me semble qu'une tour à la Malboroug, élevée au milieu, eût été plus en harmonie avec le château ; et en même temps, elle eût pu servir d'observatoire :

avec un bon télescope, on aurait pu apercevoir une grande partie de la Beauce , grâce à sa surface plane et uniforme , peut-être même la ville de Chartres , ou au moins les clochers de la cathédrale,

Les Prussiens, lors de l'invasion , y avoient établi un bivouac , près duquel ils entretenaient des feux qui brûlaient toute la nuit.

Je dois dire, à la louange de M. Mazeau, qu'il a exécuté des travaux utiles au pays. Il a élargi le tertre, qui était très-étroit et dangereux lorsque deux voitures se rencontraient.

M. Mazeau avait acheté la terre de Montigny par spéculation , et ne l'a gardée qu'en attendant un acquéreur qui lui présentât un bénéfice raisonnable. Une dame espagnole , madame la comtesse de Castellofield, épouse du prince de la Paix, le fameux Godoï , fut cet acquéreur. Cette dame était aimée dans le pays, probablement parce qu'elle rendait des services. C'est avec plaisir que les habitants de Montigny se rappellent que madame de Castellofield payait tous les dimanches, en été , un ménétrier qui faisait danser les jeunes gens. Cette dame, assez souvent accompagnée de M. Lefèvre, curé de la paroisse, assistait à ces danses. Les habitants leur savaient gré de la part qu'ils prenaient à leurs plaisirs , et je n'ai pas connaissance que , dans ces réunions joyeuses et un peu bruyantes, il se soit commis aucun désordre, et que qui que ce soit ait manqué au respect qui leur était dû.

Madame Castellofield était aussi dans l'usage de faire illuminer le soir une partie du château le jour de Saint-Gilles, et de faire tirer à la nuit un feu d'artifice, ce qui attirait bon nombre d'étrangers dans la commune et jetait dans les auberges beaucoup d'argent.

A madame Castellofield a succédé M. le comte de la Féronnays qui, sous Charles X , a été ministre, puis ambassadeur en Russie et à Rome. M. de la Féronnays était d'une générosité qui faisait regretter que sa fortune ne répondit pas à ses bonnes intentions. Généreux par caractère, les pauvres n'ont jamais éprouvé de sa part un refus, quoique pourtant quelques-uns aient abusé de ses dispositions bienfaisantes. Ami des plaisirs, il avait improvisé une salle de spectacle, et nous a donné la comédie jouée en partie par ses enfants, qui s'en acquittaient avec beaucoup d'intelligence. Quelques-uns des acteurs, M. de la Féronnays lui-même, ont disparu de la scène du monde. A chaque pas que l'on fait dans la vie, on peut se convaincre de sa fragilité et de son néant.

M. de la Féronnays a fait cadeau à l'église de ses plus beaux ornements et de la bannière. C'est lui qui a fait construire la tribune dans laquelle les propriétaires du château assistent au service divin.

Enfin, le domaine de Montigny a été acheté en dernier lieu, de M. de la Féronnays, par M. le prince de Montmorency-Laval, qui, sous Charles X, a été ambassadeur à Rome et en Espagne, où il a été décoré de l'ordre de la Toison-d'Or et fait grand d'Espagne de première classe.

M. le prince de Montmorency a fait au château des augmentations importantes. On regrette que l'architecte auquel il avait donné sa confiance n'ait pas compris que le genre d'architecture qu'il devait employer était désigné par celui dont Jacques de Renty lui avait fourni le modèle, et qu'au lieu d'un pavillon analogue à celui qui existe à la partie méridionale de l'édifice, il ait substitué une masse lourde et sans grâce. Par compensation, l'intérieur est parfaitement distribué, et il a été meublé avec un luxe du meilleur goût.

M. de Montmorency, à l'exemple de certains grands personnages, se proposait d'embellir sa retraite, dont il eût fait une habitation princière si la mort n'était venue briser tous ses projets. Le parc, aujourd'hui triste et nu, eût été converti en un superbe jardin anglais. Ce projet accompli, il est probable que le temps et l'occasion lui en auraient conseillé d'autres ; cette idée d'ennoblir sa demeure et de la parer lui souriait, il s'y complaisait.

On doit au prince un reliquaire très-élégant qui lui fut accordé par le pape Léon XII, lorsqu'il était en ambassade à Rome. Ce reliquaire contient quelques ossements de sainte Félicité, enchâssés dans une figure de cire d'une exécution parfaite, représentant la sainte. Il fait l'admiration des nombreux pèlerins qui viennent le visiter. Une procession annuelle a été instituée en son honneur par Monseigneur Clausel de Montals, le vénérable et savant évêque de Chartres. MM. les curés du voisinage sont invités d'assister à cette procession. La sainte est portée processionnellement par de jeunes filles vêtues en blanc. La cérémonie a lieu le dimanche le plus proche de la Saint-Jean.

Le prince, pour l'usage de sa maison, a fait monter une horloge dans une lanterne du château. Quoiqu'elle n'ait point été destinée spécialement pour le pays, elle n'en tourne pas moins au profit des habitants, auxquels elle est d'une grande utilité, tant pour régler les heures de leur travail que celles de leurs repas.

C'est avec douleur et regret que nous reçûmes à Montigny la nouvelle de son décès, arrivé à Paris, le 6 juin 1837, à l'âge de 69 ans quatre mois, étant né le 28 août 1768.

Madame sa veuve, issue de l'illustre famille des Luxembourg, lui succéda naturellement dans la jouissance de ses domaines. Je ne prétends pas qu'elle ait eu, comme le prince son mari, le désir d'embellir son manoir et les projets de grands travaux. Son ambition à elle et son désir consistaient à faire de bonnes œuvres, à soulager les malheureux. C'était sa gloire, son idée dominante. Mais, par une fatalité à laquelle la Providence semble avoir condamné Montigny de se voir enlever coup sur coup ses bienfaiteurs, à peine trois ans s'étaient écoulés depuis la perte de son mari, qu'il plut à Dieu de la ravir à sa famille et aux pauvres, qu'elle aimait tant à soulager.

Le successeur de madame de Montmorency a été M. le duc de Mirepoix. De tous les propriétaires du domaine de Montigny qui l'ont précédé, aucun n'a fait autant de bien à notre pays. Au nombre des bienfaits qu'il en a reçus, on peut mettre en première ligne l'établissement d'une école pour les jeunes filles, dont il a confié la direction aux dames religieuses de la Providence. La méthode d'enseignement employée par ces dames, tant pour la lecture que pour l'écriture et la langue française, est excellente. De très-jeunes élèves qui sortent de leur école peuvent rivaliser avec certains maîtres d'écriture enseignant dans les écoles publiques.

L'autre bienfait, c'est d'avoir gratifié le haut du bourg d'un réservoir alimenté par une turbine qui peut fournir par heure seize mille litres d'eau. Il est inutile de faire valoir l'importance d'une telle générosité. Tout le monde est à même de l'apprécier.

Le bien qu'a fait M. de Mirepoix, il l'a fait sans ostentation, sans bruit. Il me semble que cette manière de comprendre la bienfaisance est de la modestie la plus intelligente et la plus respectable. Fasse le Ciel que ses successeurs le prennent pour modèle et deviennent ses imitateurs !

En parlant de ses successeurs, mon intention n'est pas d'y comprendre madame sa veuve, la noble fille de M. le prince de Montmorency-Laval, qui a partagé les sentiments généreux de son mari ; car cette belle propriété est son héritage, et personne ne doute qu'elle a participé à toutes ces bonnes œuvres et que, s'il se présentait l'occasion de rendre un grand service à notre pays, qui est devenu sa patrie adoptive, elle le ferait avec empressement.

J'oubliais de dire que M. de Mirepoix avait gratifié l'église communale de plusieurs objets de prix, entr'autres d'un magnifique ostensoir en vermeil et d'un calice du même métal, dont le célébrant se sert aux fêtes solennelles. On ne peut pas faire un plus digne usage de sa fortune.

Deux hommes connus dans les arts sont nés à Montigny : l'un est Pierre Prévost, paysagiste distingué et peintre des panoramas, que le public a admirés du temps de l'Empire et de la Restauration.

Les panoramas de Prévost ont eu une célébrité plus qu'Européenne. L'empereur, qui n'était pas facile à impressionner, était dans l'admiration en contemplant celui de Tilsitt. Dans son étonnement, il disait à son entourage : « Il y a plus d'une portée de canon d'où je suis à » l'horizon ! » Cela ne paraîtra pas étrange aux personnes qui ont vu les panoramas peints par Prévost qui, entendant au plus haut degré la perspective aérienne, ménageait ses couleurs de manière à produire des effets de lointain surprenants. Aussi, lorsque le spectateur, placé sur la plate-forme d'où il considérait les objets représentés dans un panorama, qui est un tableau circulaire éclairé par en haut et offrant à l'œil un horizon tout entier avec ses détails, il se croyait transporté dans le pays même dont il voyait l'image fidèle. Pour la majeure partie des spectateurs, l'illusion était complète. Les ciels des panoramas, en général, étaient admirables de couleur et d'effet. Quelques-uns étaient d'une forme si gracieuse que M. de Humbold, savant prussien du plus grand mérite, disait un jour à l'auteur : « Monsieur Prévost, vous faites » des ciels si beaux, que jamais, dans nos pays brumeux, » nous n'en voyons de semblables. »

Le fameux peintre David étant venu au panorama,

accompagné de plusieurs do ses élèves, leur disait :
« Messieurs, c'est ici qu'il faut venir faire des études
» d'après nature ; il est inu..le de sortir de Paris pour
» cela. »

Si j'avais sous la main les journaux de ce temps-là,
j'en pourrais citer par vingtaine qui ne tarissaient pas sur
les éloges qu'ils faisaient des panoramas de Prévost.
Mais, outre que ces extraits multipliés pourraient fati-
guer le lecteur, l'exiguité de cette notice ne me permet
pas de m'étendre autant que je le désirerais. Je vais me
borner à citer un passage de la préface de l'*Itinéraire de
Paris à Jérusalem*, de M. de Châteaubriand, écrivain
célèbre et ministre sous Charles X (1) :

« Quand je n'aurais, en allant en Grèce et en Palestine,
qne le bonheur de tracer la route aux talents qui devaient
nous faire connaitre ces pays des beaux et grands souvenirs, je me féliciterais encore de mon entreprise. On a
vu à Paris les panoramas de Jérusalem et d'Athènes
l'illusion était complète : je reconnus au premier coup-
d'œil les monuments et les lieux que j'avais indiqués.
Jamais voyageur ne fut mis à si rude épreuve. Jo ne
pouvais pas m'attendre qu'on transportât Jérusalem et
Athènes à Paris, pour me convaincre de mensonge ou
de vérité. La confrontation avec les témoins m'a été favorable. Mon exactitude s'est trouvée telle que quelques
fragments de l'itinéraire ont servi en partie de pro-
gramme et d'explication populaire aux tableaux des panoramas. »

Un éloge aussi franc et aussi flatteur, tracé par un
homme d'un mérite tel que celui de M. de Châteaubriand,
ne doit paraître suspect à personne.

Les principaux panoramas peints par Prévost sont :
1° Tilsitt, que Napoléon a visité et qui a excité son

(1) Édition de 1828.

admiration. Il représentait l'entrevue des empereurs Napoléon et Alexandre. Si le peintre n'avait pas traité son sujet en grand artiste, Napoléon, qui était représenté dans ce tableau et une partie de son armée, ne se serait pas gêné pour en faire la critique; mais le contraire est arrivé. Prévost ne reçut que des éloges.

Parmi les autres tableaux, nous donnerons une attention particulière à celui de Wagram, dans lequel la fameuse bataille de ce nom était représentée au moment le plus terrible et le plus intéressant de l'action. La vue de la fumée épaisse et rougeâtre d'un assez grand nombre de villages incendiés, qui contrastait avec celle du canon et de la mousqueterie, l'artillerie légère lancée au galop, des blés en flammes dans lesquels brûlaient de malheureux blessés, ce grand mouvement des armées, où des hommes s'entredétruisaient avec acharnement, et autres épisodes saisissants d'une bataille gigantesque comme celle-là, jetait dans l'âme une certaine épouvante dont on avait peine à se défendre.

Ce panorama d'une immense plaine, sans aucun de ces accidents de terrain qui favorisent la perspective, était un chef-d'œuvre et un tour de force.

Les autres panoramas peints par Prévost sont ceux de Paris, dessiné du pavillon du milieu des Tuileries : c'est le premier qu'il a exécuté; le deuxième est la vue de Toulon, pris du fort Lamalgue. Ces ouvrages eurent un grand succès. Il leur fit succéder Lyon, Paris, dessiné du pavillon de Flore, Rome, Naples, Amsterdam, effet de neige, pour éviter la monotonie des toits rouges de cette ville originale qui ne ressemble à aucune autre ville d'Europe ; la blancheur de la neige contrastait avec la couleur rougeâtre des briques dont cette ville est bâtie ; puis Boulogne, avec la flotille des bateaux plats, au moyen de laquelle Napoléon projetait de faire une descente en Angleterre. Ce fut le dernier panorama de pelite dimension que Prévost ait exécuté dans la Rotonde, près du passage des Panoramas, qui lui doit son nom.

Tilsitt fut le premier qui ait été peint dans la grande Rotonde du boulevard des Capucines, ensuite Wagram, puis Anvers et la flotte avec voiles déployées, remontant l'Escaut, ce qui produisait un très-beau spectacle; Vienne, ou plutôt les bords du Danube, magnifique tableau qui n'eut pas tout le succès que l'auteur en attendoit; vu que, dans ce genre de peinture, aux beautés pittoresques, il faut qu'il soit joint un grand souvenir, un grand nom. A Vienne succéda Calais, ou le débarquement de Louis XVIII. La mer était représentée avec tant de vérité, qu'une dame de la suite du roi, et qui l'avait accompagné à son retour d'Angleterre, fut tellement impressionnée en voyant ce panorama, qu'au souvenir du mal de mer dont elle avait beaucoup souffert dans la traversée, elle se trouva mal et fut obligée de sortir.

A Calais succéda Jérusalem. Ce panorama eut un succès immense, quoiqu'il représentât un lieu d'un aspect sombre et austère : mais ce lieu était la ville sainte, qui rappelait les plus grands souvenirs, où se sont accomplis des faits qui ont changé le monde, et dont nous éprouvons encore aujourd'hui la salutaire influence.

Athènes est le dernier panorama que Prévost ait peint. Il lui a coûté cher. C'est en allant prendre les dessins d'Athènes qu'il perdit son neveu Cocherau. Le souvenir de cette cruelle perte, qui ne le quitta jamais, joint à une extrême fatigue occasionnée par la peinture du ciel et des lointains, qu'il ne pouvait confier à personne, lui causèrent une fluxion de poitrine, qui plus tard l'a conduit au tombeau.

Le hasard, qui joue un grand rôle dans les destinées humaines, a été pour quelque chose dans celle de Prévost. Un peintre de gouache, M. Moreth, était venu passer quelques jours chez M. Thiroux dont nous avons déjà parlé. Il peignait çà et là différents points de vue, et comme la porte Roland offre le sujet d'un tableau fort agréable, un certain jour il était occupé à en faire un croquis, lorsque le père de Prévost vint à passer auprès ; comme d'autres curieux, il s'arrêta pour examiner ce que faisait l'artiste. Voyant qu'il s'occupait à peindre, il s'en approcha et lui dit qu'il avait un fils dont la passion était de dessiner et qu'il avait copié différentes gravures. M. Moreth lui demanda à voir les dessins dont il lui parlait. Il en fut tellement surpris qu'il donna son adresse au père de Prévost, en lui recommandant d'écrire à son fils, qui dans ce moment était à Chartres : que M. Moreth, peintre, demeurant à Paris, dans telle rue, serait flatté de faire sa connaissance.

Prévost profita de la bonne volonté de M. Moreth, qui fut son premier maître. Le second fut Valenciennes, peintre de paysages, qui le prit en affection et lui donna de sages conseils.

Je ne parlerai pas de toutes les difficultés qu'éprouva Prévost pour arriver au talent éminent auqnel il est parvenu. La révolution n'était pas favorable aux artistes. Il la traversa comme tant d'autres, non sans éprouver de sérieux embarras, jusqu'au moment où il fut chargé de peindre les panoramas, dont l'idée n'était pas nouvelle; elle date même de quelques siècles, si on en croit certains auteurs dont je serais assez embarrassé de citer les noms; mais ce que je puis assurer, c'est que, me promenant avec Prévost dans le jardin de Beaumarchais, situé à l'extrémité du boulevard du Temple, nous trouvâmes, au bout du jardin, près du même boulevard, un pavillon en forme de rotonde, éclairé par la toiture, et dans lequel était peinte une vue de Paris sur la paroi de cette rotonde. C'était un panorama en miniature. Le peintre était un nommé Touzé, qu'on disait avoir du talent et que Beaumarchais affectionnait beaucoup.

Prévost regrettait amèrement que la modicité de sa fortune ne lui permît pas de faire élever à ses frais une rotonde d'une dimension qui lui eût donné les moyens de produire les effets extraordinaires dont ce genre de peinture est susceptible, et qu'il comprenait parfaitement. Cette idée fermenta dans sa tête pendant plusieurs années.

Quelque temps après, un peintre écossais, nommé Robert Barker, d'Edimbourg, ayant exposé à Londres le panorama de cette ville, l'inventeur des bateaux à vapeur, le célèbre américain Fulton, qui se trouvait en ce moment à Londres, vint à Paris dans l'intention de tirer parti de cette découverte. Ne pouvant faire exécuter un panorama à ses frais, il en communiqua l'idée à un autre américain, le sieur James Thayer, spéculateur hardi, qui se hâta de prendre un brevet d'importation et de chercher des artistes capables d'exécuter un tableau d'un genre nouveau. Il s'adressa au peintre Denis Fontaine, qui, ne se sentant pas de force à mettre à exécution cette entreprise, eut lui-même recours à Prévost, déjà connu pour aimer à traiter de grandes pages. Celui-ci accepta l'invitation avec joie, d'autant plus que cette idée n'était pas nouvelle pour lui, comme je l'ai dit plus haut. Aussi, son premier panorama, qui était celui de Paris, dessiné du pavillon du milieu des Tuileries, réussit-il parfaitement et eut un grand succès. J'ai déjà donné la liste des panoramas peints par Prévost, je ne reviendrai pas sur ce sujet. Les premiers furent établis au boulevard Montmartre. Prévost recevait six à huit mille francs pour l'exécution de chacun. Les rotondes qui les contenaient étaient d'une petite dimension : cent pieds de diamètre, je crois. Ce ne fut qu'en 1807 qu'ayant acheté en commun avec M. Thayer un terrain assez vaste sur le boulevard des Capucines, ils y construisirent une rotonde et une maison qui fait face au boulevard et dont la porte servait d'entrée au panorama. Les personnes qui connaissent la portée de ces associations d'artistes avec des spéculateurs, savent que la peine et les périls sont pour l'artiste et le profit pour l'associé. M. Thayer n'a pas tiré de sa poche un centime. L'acquisition du terrain, le contrat et l'intérêt de l'argent emprunté ont été pris sur les recettes.

Ces temps-là sont déjà loin de nous ; mais le nom et le talent de Prévost ne sont pas tombés dans l'oubli ; il est cité dans les dictionnaires historiques, et récemment dans une biographie générale des hommes illustres de l'Orléanais, dans la série première des beaux-arts. Prévost y occupe une place honorable où son talent est apprécié : quoique dans sa biographie il se soit glissé certaines erreurs, qui, à la vérité, n'ôtent rien à son mérite réel, mais qui le font sortir de sa place d'artiste haut placé dans l'opinion publique, pour lui faire jouer un rôle subalterne, indigne de lui, en le représentant comme le jouet de ses associés, expliquant lui-même ses tableaux, qu'on appelle panoramas, et qui ne sont en réalité que des tableaux de petite dimension, grossis au moyen de verres d'optique, comme on en voit souvent dans les places publiques. On ajoute que, dans les entr'actes de ses panoramas, il fait paraître divers portraits en couleur pour ne pas faire languir le public. Prévost comprenait trop bien ce qu'il valait pour descendre à jouer un aussi triste rôle.

On est embarrassé pour expliquer un pareil malentendu, et obligé de supposer qu'il sera tombé entre les mains de l'auteur de l'article une annonce de spectacle de quelque hardi charlatan qui aura pris le nom de Prévost et baptisé du nom de panoramas ses lanternes magiques. Je puis assurer que Prévost n'a jamais eu connaissance d'un semblable spectacle.

Dans la biographie des hommes célèbres de l'Orléanais on lui donne le nom d'Isaac-Bénédict : tandis que le nom de baptême de l'auteur du panorama est Pierre, tout court. J'ai cru cette rectification utile. Certains lecteurs peuvent être embarrassés et croire que Pierre Prévost n'est pas le même personnage que Prévost (Isaac-Bénédict).

Prévost a eu pour auxiliaires de jeunes artistes, qui depuis sont devenus des hommes célèbres : MM. Court, Boumy, Camille Roqueplan, Bouton.

Sous le rapport financier, les panoramas ont pu être de quelque avantage à Prévost ; mais ils lui ont été préjudiciables en ce qu'ils ont absorbé presque tout son temps, et l'ont empêché de s'occuper de tableaux de chevalet, qui, à en juger par le peu qu'il a laissé, eussent pu rivaliser avec ceux des grands maîtres. Certains de ses tableaux rappelaient Claude Lorrain, d'autres le Poussin, ces grands génies auxquels aujourd'hui on élève des statues.

Prévost (Pierre) est né le 7 septembre 1764, du légitime mariage de Pierre Prévost, cultivateur-propriétaire, et de Marie-Anne Gondouin.

Le père de Prévost, laborieux et économe, avec l'aide de quelques héritages, était parvenu à jouir d'une aisance assez large, sàns toutefois être arrivé à la richesse. Quoiqu'il fût homme des champs, il connaissait sa langue, la parlait bien et faisait peu de fautes en l'écrivant : en un mot, il pouvait passer pour un campagnard intelligent et instruit. Son vœu était que ses enfants parvinssent à une position aisée et honorable. Il a fait tout ce qu'il lui a été possible pour arriver à ce but ; aussi ses enfants ont eu pour sa mémoire une vénération et une reconnaissance aussi sincères que profondes.

Ces sentiments naturels et intimes sont une dette filiale et légitime dont je n'aurais pas entretenu mes lecteurs, si je n'avais pas eu à rappeler aux habitants de Montigny, qu'eux aussi, de leur côté, doivent un tribut de reconnaissance au père de Prévost. Voici à quelle occasion :

Un intendant de M. Thiroux, nommé Lapierre, avait suggéré à son maître l'idée de s'emparer d'un bien communal appelé le Grand-Clos. C'est un pâtis que tous les habitants de Montigny connaissent, ce qui me dispense d'en désigner la contenance, les tenants et aboutissants.

M. Thiroux commença par faire entourer de fossés le Grand-Clos, puis il défendit d'y conduire les bestiaux ; en un mot il en prit possession.

Personne, dans le pays, n'osait s'opposer à M. Thiroux.

Le père de Prévost seul d'abord, malgré les menaces et la défense, y envoya paître ses vaches; les autres habitants enhardis par son exemple l'imitèrent : on voulut chasser les bestiaux, on résista ; il y eut commencement de procès, et une altercation très-vive s'en suivit entre M. Thiroux et le père de Prévost, qui lui observa que lui Prévost avait des titres du terrain en contestation, et il s'offrit de les lui communiquer; ce qu'il fit. M. Thiroux lui dit alors : puisque vous avez des titres, pourquoi ne vous emparez-vous pas de votre bien ? La commune en jouit depuis longtemps, lui repartit Prévost, mon intention n'est pas de l'en déposséder ni de la troubler ; mais si vous persistez, alors je ferai valoir mes droits. Par suite de ces explications, M. Thiroux abandonna ses prétentions sur le Grand-Clos ; et depuis lors la commune en a joui paisiblement.

A l'exemple de M. Thiroux, la famille Baugé voulut aussi s'emparer d'une certaine étendue des pâtis communaux ; même résistance de la part de Prévost, et le résultnt de son opposition a été en tout point semblable qu'avec M. Thiroux.

Sans l'énergie du père de Prévost une moitié des pâturages communaux aurait probablement été perdue pour les habitants, et dans le pays on eût été assez embarrassé pour faire paître le bétail, dont le nombre a plus que doublé depuis ce temps-là. Je laisse à juger si ce service mérite un souvenir.

Il est un autre fait qui, lui aussi, est de nature à mériter quelque reconnaissance à son auteur, quoique bien simple en lui-même, mais dont la conséquence a bien aussi son importance.

Dans un coin du jardin aujourd'hui possédé par le sieur Meslage (Marcel), là, je crois, où a été creusée une cour à fumier, était un prunier dans lequel une treille était suspendue. Le père de Prévost en passant souvent auprès, avait fini par remarquer que rarement elle manquait de produire et que son fruit était d'une grosseur extraordinaire. Il en détacha des tiges ou crossettes, en planta dans ses vignes quelque-snnes où elles réussirent parfaitement : d'autres vignerons imitèrent son exemple, et aujourd'hui une partie du vignoble de Montigny est plantée de cette espèce de vigne connue dans le pays sous le nom de Gondouins, nom qui lui fut donné, parce que la première tige qui a été plantée dans les vignes, a été prise sur une treille appartenant à Réné Gondouin, beau-frère du père de Prévost.

Telle est l'origine de l'espèce des ceps que l'on appelle dans le pays les Gondouins.

Je ne saurais dire si ce sont les bénéfices que les vignerons ont fait avec cette espèce de cépage, qui les ont encouragés à planter de la vigne, mais je crois pouvoir affirmer que le vignoble de Montigny s'est augmenté d'un tiers, depuis 60 ans. Avant la révolution les vignes ne s'étendaient pas au-delà de ce que l'on appelle le rempart, aujourd'hui elles se prolongent jusqu'à Saint-Hilaire.

La famille de la mère de Prévost est une des plus anciennes du pays. Quelques années avant la révolution, M. Thiroux fit renouveler les titres qui assujétissaient leurs détenteurs à la foi et hommage. Il s'en est trouvé d'anciens qui ont fait connaître que des laboureurs propriétaires du nom de Gondouin existaient vers la fin du quatorzième siècle. Je ne prétends pas tirer vanité de cette circonstance qui n'est pas d'une grande importance ; mais je tiens à rendre hommage à la mémoire de notre mère, qui étant remarquable par son esprit d'ordre et sa rare intelligence, mérite qu'on la rappelle au souvenir des personnes qui l'ont connue, lesquelles peuvent attester qu'elle était digne des hommages et des respects de sa famille et de ses concitoyens.

L'autre artiste est le jeune Cochereau, neveu de Prévost, mort à 23 ans, dans la traversée de Toulon à Athènes, à la hauteur de Cérigo, l'ancienne Cythère, talent précoce et brillant que la mort a moissonné sans lui avoir donné le temps d'arriver au degré de maturité et de perfection dont nous ne pouvons assigner la limite, vu que le peu de tableaux que Cochereau a laissés sont autant de chefs-d'œuvre. L'article qui le concerne dans la biographie des hommes illustres de l'Orléanais, rédigé par M. Marescal, ancien député, qui connaissait Cochereau personnellement, m'ayant paru convenablement traité, j'ai pris le parti de le transcrire ici mot pour mot.

« Cochereau (Mathieu) connu sous le nom de Léon, « est né à Montigny-le-Gannelon, arrondissement de « Châteaudun, le 10 février 1793. Il fut appelé à Paris « en 1807, par son oncle Prévost, l'auteur des panora- « mas, et admis dans l'atelier du célèbre David. Assez « longtemps son génie sembla sommeiller : les grandes « compositions l'épouvantaient. Le hasard lui donna

« l'essor : une pluie battante .retenait Cochereau chez
« son maître; l'idée lui vint de peindre *l'intérieur de*
« *l'atelier*. Dans la soirée, l'esquisse est terminée. En-
« couragé par son oncle, le jeune élève met la dernière
« main à son tableau, admis bientôt après à l'exposition.
« Cochereau était à Londres ; la renommée vint lui ap-
« prendre qu'il avait fait un chef-d'œuvre.

« On se rappelle l'immense succès de l'*Intérieur d'un*
« *Atelier*.

« Le temps, ce grand maître, a confirmé le jugement
« public, et le Musée s'est enrichi de ce tableau.

« Quelques autres intérieurs, également remarquables
« par la manière simple et vraie, du même artiste, sont
« passés en Angleterre.

« Ce fut lui qui peignit l'église de Westminster, dans
« le panorama de Londres ; l'effet magique de cet admi-
« rable tableau a frappé les spectateurs et surtout les an-
« glais, d'un sentiment extraordinaire.

« Cochereau possédait à un haut degré, le secret de
« la couleur ; il eût pu faire, au dire des connaisseurs,
« une révolution dans cette partie capitale de la pein-
« ture.

« Une mort prématurée vint interrompre le cours de
« ses succès. Il s'était embarqué à Toulon, avec son on-
« cle, pour aller lever le plan des panoramas de Jérusa-
« lem et d'Athènes ; une indisposition dont il avait à l'a-
« vance ressenti les atteintes, fut cruellement aggravée
« par le mal de mer. Il succomba à la hauteur de Cérigo,
« à l'âge de vingt-trois ans. »

Si l'on connaissait les intentions bienveillantes pour
leur pays natal de ces deux hommes si distingués par le
haut rang qu'ils ont occupé dans les arts, leur bonté,
la simplicité de leurs mœurs qui semblaient contraster
avec l'élévation de leur caractère, et surtout l'intention
et le désir qu'ils avaient de faire à leurs compatriotes

tout le bien que leur position d'artistes aisés leur eût permis de faire, sans doute, on partagerait les justes et douloureux regrets de celui qui fut leur parent le plus proche et leur meilleur ami!

Assurément nous n'avons pas le droit d'interroger la Providence sur la manière dont elle règle nos destinées; mais si l'on considère qu'elle comble de jours et de faveurs des êtres malfaisants, qui justement appréciés méritent à peine le nom d'hommes, et qu'elle a enlevé deux hommes de bien marqués du sceau du génie, l'un au début de la vie, l'autre à peine arrivé à la maturité de son talent, nous ne pouvons que nous humilier et nous convaincre que ce qu'elle daigne faire sera toujours pour nous autres mortels un impénétrable secret.

Montigny a aussi été le berceau de deux hommes des plus recommandables. L'un, feu M. Alexis Louvancour, qui a rempli les fonctions de notaire à Chartres, pendant de longues années de la manière la plus honorable et dont la perte a excité dans cette ville des regrets universels; et son frère, M. Pierre Louvancour, ancien juge-de-paix à Cloyes, qui a parcouru cette carrière honorable et difficile avec distinction, aujourd'hui passant dans la retraite, au milieu de sa famille, une vieillesse paisible et honorée.

Je ne passerai pas non plus sous silence, le général Silly, autre enfant de Montigny, qui ayant pris du service dans l'infanterie avant la révolution est parvenu par son mérite au grade de général, et eut une jambe emportée dans la campagne glorieuse que fit en Egypte le général Bonaparte.

Nous ne placerons pas le général Silly sur la ligne des Kléber, des Hoche, des Masséna et autres hommes de guerre transcendants; mais le général Silly était un brave militaire et parfait honnête homme, d'après les témoignages recueillis par l'auteur de cette notice, de la bouche de savants respectables, qui ont connu en Egypte le général. Le général Silly était décoré de la croix de la Légion-d'Honneur.

En l'an de grâce 1852, année dans laquelle cette notice est imprimée, que dirons-nous de la ci-devant ville de Montigny-le-Gannelon? Hélas! qu'en dire? Si ce n'est que cette première châtellenie du Dunois, après Châteaudun, laquelle exerçait le droit de hau-tejustice sur la majeure partie du Dunois, et qui en était un des lieux d'une première considération au onzième siècle, est aujourd'hui un simple et modeste bourg dont les rues sont étroites, tortueuses, irrégulières et bordées de cours à fumier d'où s'échappent des émanations malsaines et peu flatteuses à l'odorat; que les maisons y sont mal bâties et pressées au point que la plupart n'ont ni jardin ni cour, et sont réduites à une unique sortie donnant sur la rue. Cette agglomération d'habitations qui se nuisent les unes aux autres est la conséquence de son ancienne destination, qui exigeait qu'autour du château, on pût réunir à peu de frais le plus possible de défenseurs; ce qui était approprié aux circonstances et aux usages de ces temps là; mais aujourd'hui que le château n'a plus besoin d'être gardé ni défendu, cet état de choses a un grave inconvénient, celui d'assimiler quelques rues du bourg à ces impasses de villes populeuses et de priver des familles d'air salubre et d'espace, biens précieux dont jouissent ordinairement les habitans des campagnes en dédommagement de leurs nombreuses privations.

D'après le dernier recensement qui s'est fait au printemps de l'année dernière, la population de la commune se monte à 830 habitants.

Le rôle des contributions est fixé pour l'année courante à 8,305 fr. 41 c. : foncier, 5,679 fr. 30 c.; patentes, 649 fr. 63 c.; mobilier, 1,354 fr. 14 c.; portes et fenêtres, 622 fr. 34 c.; avis, 17 fr. 15.

Les habitants de Montigny, avant la révolution, avaient la réputation d'être querelleurs et d'aimer à se battre dans les lieux publics, ce qui, en effet, leur arrivait assez souvent. Les jeunes garçons, aux fêtes patronales des communes voisines, se prenaient ordinairement de dispute avec les jeunes gens des environs qui se rendaient à la fête, et il en résultait presque toujours des batailles à coups de poing ou de bâton seulement; de sorte que les battus en étaient quittes pour quelques horions plus ou moins graves.

Cet esprit querelleur, ce besoin de batailler était-il un souvenir instinctif, un reste des habitudes guerrières que leurs aïeux avaient contractées lorsque Montigny était ville fortifiée, que le château était confié à leur garde, et qu'on y faisait le guet ? Je crois qu'il est pardonnable de le penser, par la raison que, dans les familles comme chez les nations, les sentiments, les habitudes se transmettent et s'enracinent, de sorte qu'elles se perpétuent, si des circonstances majeures ne viennent pas en interrompre le cours.

Si les habitants de Montigny ont été, dans un temps, remarqués par leur vivacité un peu gauloise, ils ont aussi acquis la réputation de travailleurs solides et bons ménagers. Les fainéants et les *mangeux*, comme on dit dans le pays, n'y sont pas bien vus. Cette rudesse, qu'on leur a reprochée, tend à s'adoucir de jour en jour, et avant un quart de siècle elle aura complètement disparu. Autrefois il n'y avait pas d'école à Montigny ; il fallait aller à Cloyes chercher un peu d'instruction, que l'on payait sans exception de personnes ; il s'en suivait que beaucoup d'enfants, faute de moyens, n'apprenaient point à lire et restaient dans une ignorance complète ; mais aujourd'hui que la commune est en possession de deux écoles, une pour les garçons et l'autre pour les jeunes filles, où sont admis la presque totalité des enfants, qui reçoivent une éducation élémentaire que l'on peut qualifier de distinguée, si on la compare à celle que l'on recevait il y a trente à quarante ans, il doit s'en suivre nécessairement une amélioration morale et intellectuelle, qui doit tourner au profit et contribuer à la prospérité du pays tout entier, par la raison qu'un individu instruit a plus de chances de prospérité qu'un ignorant ; de même une génération bien élevée doit l'emporter en ressources sur celle qui croupissait dans une grossière ignorance.

L'année 1852, que de funestes présages faisaient redouter, a, au contraire, jusqu'à ce moment, pu être considérée comme une année de faveur providentielle pour les habitants du bourg. La machine hydraulique, dite turbine, fabriquée à grands frais, a été mise en pleine activité. C'est un grand bien. Elle peut, en cas d'incendie, préserver le pays de grands malheurs.

Il est un projet en voie d'exécution qui, un jour, peut aussi contribuer au bien-être du pays. C'est la route dont le point de départ est Illiers et qui vient aboutir à Cloyes. De tels établissements tournent ordinairement au profit des localités qui se trouvent sur leur passage. Elle nécessitera la construction d'un pont solide jeté sur le Loir, lequel facilitera nos communications avec la Beauce, augmentera et rendra plus intimes nos relations avec la ville de Cloyes, résultat qui, on peut l'espérer, tournera à notre avantage.

L'avenir est couvert d'un voile impénétrable. Une simple idée peut faire la fortune d'une contrée tout entière. Puisse la Providence inspirer à un de ses élus le dessein, suivi d'exécution, de fonder à Montigny un de ces établissements qui répandent l'aisance, en procurant des travaux continus et lucratifs à une population laborieuse et économe qui saura en profiter !

Tels sont les vœux bien sincères que nous formons pour le pays qui a été notre berceau, et qui probablement sera notre dernière demeure.